ANNALES DU MUSÉE GUIMET

BIBLIOTHÈQUE DE VULGARISATION

CONFÉRENCES

AU

MUSÉE GUIMET

1899-1900 et 1900-1901

PAR

L. DE MILLOUÉ

PARIS
ERNEST LEROUX, ÉDITEUR
28, RUE BONAPARTE, VI°

ANNALES DU MUSÉE GUIMET

BIBLIOTHÈQUE DE VULGARISATION

Tome XIV

CONFÉRENCES

AU MUSÉE GUIMET

1899-1900 et 1900-1901

CONFÉRENCES

AU

MUSÉE GUIMET

1899-1900 et 1900-1901

PAR

L. DE MILLOUÉ

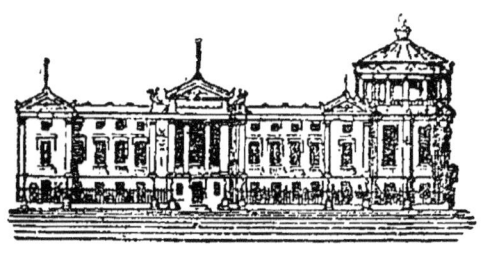

PARIS
ERNEST LEROUX, ÉDITEUR
28, RUE BONAPARTE, VIe

1903

CONFÉRENCE DU 19 NOVEMBRE 1899

LA CONDITION DE LA FEMME DANS L'INDE ANCIENNE

I

LA FEMME AU POINT DE VUE RELIGIEUX ET LÉGAL.

Mesdames, Messieurs.

Nous sommes volontiers portés à considérer comme un axiome absolument indiscutable que la situation faite à la femme chez un peuple est un indice certain du degré de civilisation auquel il est parvenu. Si le fait est vrai pour des nationalités d'une culture intellectuelle et sociale très développée, telles que celles de l'Europe actuelle, il ne peut cependant pas être érigé en règle générale : l'histoire universelle lui donne parfois des démentis en nous montrant que, dans certaines circonstances, l'élévation du niveau social peut correspondre à une déchéance de la femme, moins honorée et plus asservie que pendant la période de civilisation primitive consécutive à l'état de barbarie complète.

L'histoire de l'Inde paraît nous présenter un exemple de cette étrange anomalie, dont il est intéressant d'étudier les manifestations et de rechercher les causes.

En effet, lorsque l'on compare la condition que la femme possédait dans l'Inde ancienne, telle que nous la fait entrevoir la littérature antique, tant religieuse que profane, avec celle qu'elle a eue au moyen âge et qu'elle a encore de nos jours, il est bien difficile de se défendre de cette impression que, pour elle, la civilisation, loin d'avoir constitué un progrès, a amené une aggravation sensible de sa situation, l'a fait déchoir en partie du rang qu'elle occupait dans la société et la famille, et de la compagne libre et respectée du « Maître de maison » a fait une esclave ignorante et futile, presque aussi étroitement prisonnière dans le *zénana* que la musulmane dans le harem.

Les allusions nombreuses et les détails minutieux de cette littérature ancienne relatifs au rôle et à la situation sociale de la femme indienne, nous permettent de conjecturer qu'aux temps antérieurs à la conquête musulmane (huitième siècle de notre ère) sa condition avait beaucoup de rapports avec celle de ses sœurs de la Grèce et de Rome. Peut-être même jouissait-elle d'un peu plus de liberté et avait-elle une part plus importante dans l'acte le plus sérieux de la vie de cette époque, le sacrifice. Les Âryas avaient, comme les Grecs, le culte de la grâce et de la beauté; il est naturel que ces sentiments aient influé sur la situation qu'ils ont faite à la femme, plus adulée et plus respectée chez eux que dans les autres contrées de l'Orient.

Toutefois, il ne faut pas oublier que ceci s'entend exclusivement des femmes des trois castes supérieures, — Brāhmanīs, Kchatrīyās et Vaiçyās, — et surtout de celles de la caste brâhmanique : nous ne savons que peu de choses de la vie des femmes de la caste des Çoūdras qui, sans doute, en ce temps travaillaient et peinaient comme elles le font encore aujourd'hui, individualités négligeables dont les livres sacrés ne daignent guère s'occuper que pour affirmer leur infériorité et un peu pour réglementer leurs devoirs et sauvegarder leurs droits les plus indispensables.

Constitution de la société indienne. — Avant d'entrer dans le fond de notre sujet, il convient, je crois, d'indiquer rapidement les traits principaux de la société indienne primitive.

L'Indou des premiers âges, c'est-à-dire de l'époque védique, était *monogame;* c'est du moins ce qui semble résulter des passages, assez rares, des Védas et des Brāhmaṇas qui mettent en scène l'homme et la femme ; il n'y est jamais question que de la femme et non des femmes du sacrificateur.

Peut-être serait-il, cependant, téméraire d'arguer de ce fait à l'inexistence absolue de la *polygamie*, car nous voyons dans les textes postérieurs que l'Indou peut avoir plusieurs femmes, mais que seule compte au point de vue religieux la première épousée, qui doit être nécessairement de la même caste que son mari. D'un autre côté, les héros et les princes sont toujours représentés dans ces textes comme *polygames* et on peut admettre que, si elle n'existait pas primitivement, la polygamie s'est de très bonne heure établie dans l'Inde à titre légal, sous la restriction de la situation prépondérante conservée à la première femme. Pour justifier cette institution les auteurs indiens invoquent naturellement l'autorité des passages des Védas et des Brāhmaṇas qui donnent de nombreuses épouses aux Dieux, aux Richis et autres sages ; mais les textes employés à cet usage sont artificiels et tout mythiques, les Dieux, les Richis et les Héros personnifiant des phénomènes naturels ou les éléments mâles du sacrifice, de même que les épouses qu'on leur prête personnifient l'espace, la terre ou les éléments femelles de ce même sacrifice, eaux et libations [1].

Mais, outre ces deux formes de mariage que l'on rencontre un peu partout, il en existe dans l'Inde une troisième, assez rarement usitée dans les autres parties du monde, la *polyandrie*, ou union légale d'une seule femme avec plusieurs maris, habituellement frères. Cette étrange coutume, dont on trouve la première trace dans le Mahābhārata (mariage de Draupadī avec les cinq Pāṇḍavas), s'explique d'ordinaire soit par une pénurie de femmes, soit par une profonde misère, soit par la préoccupation de ne point aliéner ou démembrer le domaine familial, et peut avoir été produite par ces trois causes réu-

---

1. A. Bergaigne, La religion Védique.

nies. Peut-être aussi est-ce une survivance de cet état social tout à fait primitif où la constitution de la famille reposait sur la mère, qui seule avait capacité pour posséder, et qu'on appelle *Matriarcat*.

La Femme à l'époque védique. — Dans l'Inde antique la femme allait et venait librement, paraissait avec son mari dans les cérémonies publiques, l'assistait pour la célébration des rites domestiques, qui ne pouvaient être accomplis sans sa présence. Elle menait une vie simple d'intérieur, même chez les brâhmanes, veillait aux soins du ménage et servait les hôtes, invités ou de passage, que le Maître de maison recevait sous son toit. De bonne heure, peut-être, les femmes des rois et des grands personnages eurent une demeure séparée de celle des hommes, gynécée ou *zénana;* mais cet usage paraît avoir été emprunté aux peuples sémites voisins (Assyriens et Babyloniens) et, au moins jusqu'à l'époque du Bouddha, ne comportait pas une claustration rigoureuse comme elle l'est devenue à la suite de la conquête musulmane.

Le Rig-Véda, recueil d'hymnes en l'honneur des dieux et rituel du sacrifice, renferme naturellement peu d'indications au sujet de la condition de la femme. L'élément féminin y est représenté par les Déesses, personnifications, ainsi que nous l'avons vu tout à l'heure, soit des phénomènes naturels, soit des libations.

Les eaux et les libations sont fréquemment comparées à des femmes séduisantes, à des épouses qui se hâtent vers leur époux, à de gracieuses jeunes filles, parées comme des femmes de haute naissance.

« Les ondes innocentes accourent vers le désiré d'Indra (c'est-à-dire Soma). Ce sont des mères qui le traitent comme leur enfant, de même que les vaches lèchent leur tendre nourrisson [1]. »

« Qu'elles arrivent vers nous dès le matin, ces libations que nous mêlons avec le lait de nos vaches. Belles comme de charmantes femmes, qu'elles fassent l'ornement de nos cérémonies et de nos holocaustes [2]. »

« Telles une femme de bonne maison, les libations sont ornées par nous, nous les versons en l'honneur de Vāyou [3]. »

En général, les Déesses personnifient la fécon-

---

1. R. V., VII, 4, x, 1. — Les citations du Rig-Véda sont empruntées à la traduction de A. Langlois.
2. R. V., VII, 3, ii, 3.
3. R. V., VII, 1 iii, 2.

dité de la nature. Elles sont des épouses et des mères. Aditi, entre autres, est toujours désignée sous le titre de Mère, et de là vient peut-être le mythe de la création résultat de l'union du ciel (Dyaus) avec la Terre (Prithivī) ou avec l'espace sans limites (Aditi) :

« A la fois unis et séparés, éloignés et voisins, ils veillent au poste solide qui leur a été assigné et jeunes, dans cette carrière qu'ils fournissent ensemble, ils se disent : « Soyons époux ! »

« Et aussitôt tous les êtres apparaissent au jour. Sans peine, le Ciel et la Terre ont produit les grands Dieux. Cet ensemble d'êtres animés et inanimés se met en mouvement, oiseaux, quadrupèdes, animaux de toute forme, de toute espèce [1]. »

Bien que revêtues nominalement de la forme féminine, les Déesses n'ont, en réalité, rien ou pas grand'chose de la femme ; leur caractère est tout naturaliste et l'idée de personnifier en elles la beauté et la grâce paraît être absolument étrangère à leur conception mythologique, sauf en ce qui concerne l'Aurore (*Ouchas*), plus féminisée que les autres, dont quelques hymnes célèbrent les char-

---

1. R. V., III, 3, xv, 7-8.

mes avec des accents d'un lyrisme digne des poètes grecs, ainsi qu'on peut en juger par ces quelques citations.

« L'Aurore, richement vêtue, est comme l'épouse amoureuse qui étale en riant aux regards de son époux les trésors de sa beauté [1]. »

« Comme la femme vient à son époux, elle arrive chaque jour au lieu du sacrifice près de celui qui l'honore. »

« Telle qu'une vierge aux formes légères, ô Déesse, tu accours vers le Dieu du sacrifice. Jeune et riante, tu devances le soleil et découvres ton sein brillant. »

« Pareille à la jeune fille que sa mère vient de purifier, tu révèles à l'œil l'éclatante beauté de ton corps. Aurore fortunée, brille par excellence [2]. »

« La riche épouse du Soleil, l'Aurore s'en va, telle qu'une femme qui déploie son voile [3]. »

« Comme une danseuse, l'Aurore révèle toutes ses formes. — Telle qu'une chasseresse qui frappe et abat les habitants de l'air, l'Aurore attaque la vie des mortels [4]. »

1. R. V., II, 1, II, 7.
2. R. V., II, 1, II, 9-11.
3. R. V., III, 4, VI, 4.
4. R. V., I, 6, XII, 4, 10.

« Telles que les deux épouses d'un même époux, l'Aurore et la Nuit se multiplient, viennent augmenter les biens de celui qui les invoque dès le matin. Ainsi qu'une jeune fille ouvrant son voile, l'Aurore se dore à nos yeux des splendeurs du soleil [1]. »

(Cette dernière strophe est une de celles qu'on invoque comme preuves de l'existence de la polygamie à l'époque védique.)

Si peu explicite que soit le Rig-Véda au sujet de la femme, on peut cependant y glaner çà et là quelques indications aussi utiles qu'intéressantes sur les sentiments qu'elle inspirait et la situation qui lui était faite à cette époque éloignée.

C'est d'abord une allusion satirique à la légèreté de son caractère.

« Un homme nous conduisait : mais voilà qu'il ne saurait nous diriger, ni toi, ni moi, ni aucun autre. — Alors Indra dit : Cet homme n'est plus qu'une femme à l'esprit incapable, à l'œuvre légère [2]. »

Deux passages du Rig-Véda permettent de supposer que les règles établies pour la tutèle, la

---

1. R. V., II, 1, I, 2.
2. R. V., VI, 3, II, 16-17.

protection et l'assistance de la femme existaient alors à peu près les mêmes que nous les verrons au temps de Manou :

« Telle que la fille pieuse qui habite avec son père et sa mère et attend d'eux la subsistance à laquelle son dévouement lui donne des droits, tel je viens te demander une part dans tes bienfaits [1]. »

« Les pécheurs injustes et impies, qui vont sans sacrifices comme les femmes privées de la tutèle de leurs frères, comme les épouses séparées de leurs maris, ne peuvent enfanter que les ténèbres en ce lieu [2]. »

D'après l'hymne 27 du dixième Maṇḍala on peut conjecturer que la jeune fille jouissait du privilège de faire librement le choix d'un époux :

« Heureuse la femme qui est belle ; elle choisit elle-même son mari parmi les hommes. »

L'hymne consacré au mariage de Soma avec Soûryā, fille du Soleil, nous fournit quelques indications sur ce que devaient être les formules et peut-être aussi certains rites des cérémonies nuptiales :

---

1. R. V., II, 6, ix, 7.
2. R. V., III, 5, i, 5.

« Je l'enlève à l'autorité paternelle pour la remettre dans la dépendance d'un mari. Puisse-t-elle, ô bienfaisant Indra, être fortunée et avoir beaucoup d'enfants. »

« Que cette épouse soit heureuse! Approchez-vous d'elle ; regardez-la! Faites-lui vos souhaits et retournez dans vos demeures [1] ! »

Deux hymnes semblent indiquer qu'à l'époque védique le remariage des veuves n'était pas interdit ainsi qu'il l'a été plus tard, et que l'immolation des veuves n'était pas encore en usage.

C'est d'abord le célèbre dialogue de Yama et de Yamî :

« Nous sommes arrivés dans un âge où les épouses doivent supporter la perte de leurs maris. O femme! étends ton bras sous la tête d'un homme. Désire un autre époux que moi [2]. »

Puis l'hymne souvent cité des funérailles :

« Et toi, femme, va dans le lieu où est encore la vie pour toi. Retrouve dans les enfants qu'il te laisse, celui qui n'est plus. Tu as été la digne épouse du maître à qui tu avais donné ta main [3]. »

Un dernier point enfin, et non des moins impor-

---

1. R. V., VIII, 3, xiv, 25 et 33.
2. R. V., VIII, 6, v, 10.
3. R. V., VII, 6, xiii, 8.

tants, sur lequel le Rig-Véda nous éclaire, est le rang que la femme, la Maîtresse de maison, occupait dans son intérieur, sa participation aux cérémonies publiques et aux sacrifices domestiques.

« O Dieux ! les deux époux qui s'entendent pour vous présenter sans cesse des libations et des offrandes,

« Qui viennent ensemble sur le gazon placer les mets sacrés et vous préparent un abondant repas,

« Qui implorent votre bienveillance, vous honorent par des louanges et vous prodiguent les présents,

« Ces époux entourés d'enfants et de jeunes adolescents, passent une vie heureuse et sont couverts de vêtements brillants d'or [1]. »

« Dans cet endroit (l'enceinte préparée pour le sacrifice) où la mère de famille entre et sort avec empressement, Indra viens boire le jus (de Soma) préparé dans le mortier [2]. »

« Cependant les prêtres, avec leurs holocaustes, développent toute la suite des prières ; les autres, aidés des femmes, ont paré l'enceinte du sacrifice [3]. »

1. R. V., VI, 3, XI, 5-8.
2. R. V., I, 2, IX, 3.
3. R. V., V, 2, VI, 6.

« Celui-ci apporte le riz, l'eau, les boissons faites du lait de la vache; celui-là dispose les chairs qui sortent de la cuisine. Enfin, assistés de leurs enfants, le père et la mère de famille prennent leur place [1]. »

« Si le belliqueux Ârya prévoit l'approche de l'ennemi, si le moment du combat est arrivé, que son épouse, accompagnée de ceux qui versent le soma, donne des ordres pour que cette généreuse liqueur soit préparée [2]. »

Ces textes paraissent bien établir d'une manière indiscutable l'union intime du mari et de sa femme, au point de vue religieux du moins, et la participation obligatoire de celle-ci aux sacrifices dont elle sera exclue plus tard. Il est cependant prudent de faire des réserves à leur sujet; car ils peuvent tout aussi bien avoir un sens purement mythique que la signification concrète qu'on leur prête : les vêtements « brillants d'or » des deux époux sacrificateurs, notamment, paraissent s'appliquer bien mieux aux deux éléments essentiels du sacrifice (le feu et la libation qui s'enflamme qualifiés, par métaphore, de sacrificateurs) qu'à

---

1. R. V., II, 3, IV, 10.
2. R. V., III, 6, VI, 8,

des personnages humains. Néanmoins, quel que soit le caractère qu'on leur attribue, il est impossible qu'ils n'aient pas emprunté leurs images à la vie réelle de leur temps.

La femme à l'époque brāhmanique. — La période de plusieurs siècles, sans doute, qui s'étend de la fin de l'époque védique à la constitution définitive du bouddhisme comme religion, et que nous qualifions de *brāhmanique* parce qu'elle est caractérisée par la prédominance de la caste sacerdotale, est représentée au point de vue littéraire par les *Brāhmaṇas*, les *Oupanichads*, les *Aranyakas*, les *Dharma-Çāstras*, les *Grihya-Soūtras*, les plus anciens des *Angas* et probablement aussi par les premiers *Soūtras* des six grandes écoles de la philosophie indienne. Parmi ces ouvrages, dont nous avons précédemment étudié le rôle et la valeur, les Brāhmaṇas et les Dharma-Çāstras sont les plus intéressants en ce qui concerne le sujet qui nous occupe : les derniers parce qu'ils définissent la situation de la femme devant la religion et la loi sociale, les premiers par leurs nombreuses légendes.

Ces légendes sont, pour la plupart, des développements d'idées et de mythes esquissés dans les Védas, conservés par la tradition qui a transformé les mythes en faits pseudo-réels, enrichis de détails, concordant avec le sens qu'on leur a donné, dus à la riche imagination et à la sophistique orientales. A la vérité, elles ne nous fournissent guère plus de renseignements précis sur la vie courante des Âryas, et par conséquent sur la condition de la femme, que les Védas; cependant, par le rôle et les aventures qu'elles prêtent aux Déesses, de plus en plus féminisées, et aux épouses des Richis et des héros, elles nous permettent quelques déductions intéressantes et utiles.

Le fait le plus important, peut-être, qui s'en dégage est la constatation de l'existence de la *polygamie*, nettement affirmée dans le passage suivant du Çatapatha-Brāhmaṇa :

« Il sacrifie d'abord à l'homme, ensuite aux femmes. — Il loue l'homme à cause de sa vigueur. — Il sacrifie à l'homme comme étant un seul, et aux femmes comme étant plusieurs. — C'est pourquoi un seul homme a plusieurs femmes [1]. »

En général, les Brāhmaṇas font plus volontiers allusion au caractère de la femme qu'à sa situation sociale. Ils louent ses vertus : piété, obéissance, diligence, dévouement, fidélité conjugale,

---

[1] J. Eggeling : Satapatha-Brāhmana, IX, 1-6.

finesse, dans de nombreux épisodes, tels que celui de Çatchī, — femme du roi des Dieux, Indra, détrôné par le roi Nahoucha et changé en chat, — résistant sans défaillance aux séductions de Nahoucha, fuyant le ciel à la recherche de son époux qu'elle retrouve enfin dans la maison d'un brâhmane et à qui elle parvient à rendre sa forme divine ; ou bien encore celui de Soukanyā, la jeune épouse du viel ascète Tchyavana, qui non seulement repousse les propositions amoureuses des deux Açvins, mais encore les berne et réussit à leur persuader de rendre sa jeunesse à Tchyavana, sous le prétexte de faire un choix libre entre eux trois.

Mais plus souvent encore ils insistent sur ses défauts et la représentent comme versatile, trompeuse, infidèle et séductrice. C'est surtout sa puissance de séduction et le plaisir qu'elle y trouve qu'ils lui reprochent : c'est là leur grand grief contre elle, la cause pour laquelle ils la tiennent comme l'obstacle le plus dangereux au salut des hommes. La séduction féminine est principalement personnifiée dans les *Apsaras*, demi-déesses, musiciennes, chanteuses et danseuses du paradis d'Indra, instruments dociles et irrésistibles de ce Dieu lorsqu'il veut affoler quelque ascète dont il redoute le trop grand mérite et lui faire perdre dans un moment d'égarement le fruit de ses longues austérités. Ces Apsaras, vous vous en souvenez, personnifient les vapeurs et les nuées légères. On les considère généralement comme identiques aux nymphes du paganisme gréco-romain et aux fées des traditions populaires de l'Europe du moyen âge. Elles figurent déjà dans le Rig-Véda, où elles paraissent personnifier les Eaux et les Libations, ainsi qu'on peut en juger par ce passage d'un hymne :

« Les Apsaras, qui siègent dans le Samoudra, assistent le sage Soma et précipitent ses flots. Elles lancent ce Dieu qui doit conquérir le ciel ; elles honorent ce maître pur et invincible [1]. »

Il est à remarquer que les livres sacrés insistent beaucoup plus sur les défauts que sur les qualités de la femme : la femme parfaite est une exception rare qui n'empêche que la religion ne la traite en ennemie, ne la considère comme un être inférieur au point que la connaissance du Véda et des autres livres révélés lui soit interdite. Il est douteux qu'elle prenne part aux sacrifices publics ; cependant elle conserve le privilège d'assister son

---

1. R. V., VII, 3 ; III, 3.

mari dans les cérémonies domestiques. En effet, le brāhmane n'est qualifié pour sacrifier qu'autant qu'il est marié, et la présence de sa femme est indispensable pour la célébration efficace des trois Sandhyās du matin, du midi et du soir ; s'il devient veuf, il faut qu'il se fasse suppléer pour ces sacrifices par un fils ou un proche parent marié, jusqu'à ce qu'un nouveau mariage légitime lui rende ses droits au sacerdoce familial.

Si les Brāhmaṇas ne nous permettent guère que des hypothèses, par contre le *Mānava-Dharma-çāstra*, ou Code des Lois de Manou [1], le plus ancien des codes indiens, dont la composition remonte très probablement au vᵉ ou vɪᵉ siècle avant notre ère, nous renseigne très exactement sur les devoirs et les droits de la femme, et sur sa situation dans la famille et la société ; il entre même dans les détails les plus minutieux, tels que par exemple le choix du nom :

« Que le nom d'une femme soit facile à prononcer, n'exprime rien de dur, ait un sens clair, soit agréable et propice, terminé par une voyelle longue, renfermant une parole de bénédiction [2]. »

1. G. Stréhly : *Lois de Manou.*
2. L. c. II, 33.

Pour la femme il n'existe point de rites religieux analogues à l'initiation ; elle ne peut être instruite dans le Véda, ni faire célébrer un sacrifice à son intention personnelle :

« Toute cette série de cérémonies (purifications, etc.) doit être accomplie pour les femmes en vue de purifier leur corps, dans le temps et dans l'ordre voulu, mais sans accompagnement de formules sacrées.

« La cérémonie du mariage est reconnue comme remplaçant la consécration védique pour la femme, les devoirs qu'elle rend à l'époux comme remplaçant la résidence du novice auprès de son maître spirituel, les soins domestiques comme remplaçant l'entretien du feu sacré [1]. »

« Pour les femmes, il n'existe ni sacrifice, ni vœux, ni jeûne à part ; une femme qui obéit à son mari sera, par ce seul fait, exaltée dans le ciel [2]. »

« Pour les femmes, il n'y a point de cérémonies religieuses accompagnées de prières : telle est la loi établie. Les femmes, êtres incomplets et exclus des prières, sont le mensonge même ; telle est la règle.

---

1. II, 66-67.
2. II, 155.

« En effet, il y a plusieurs passages dans les Védas mêmes destinés à caractériser le naturel de la femme [1]. »

Le caractère de la femme est léger, changeant, inconstant; il faut la protéger contre elle-même, la tenir dans une dépendance continuelle :

« Il est dans la nature des femmes de faire pécher les hommes ici-bas; aussi les Sages ne s'abandonnent-ils point aux femmes;

« Car les femmes peuvent égarer en ce monde non seulement l'ignorant, mais même l'homme instruit, en le rendant esclave de l'amour et de la colère.

« On ne doit point être assis à l'écart avec une mère, une sœur, une fille; car la troupe des sens est puissante et entraîne même l'homme instruit [2]. »

« La boisson, les mauvaises fréquentations, l'absence de l'époux, le vagabondage, le sommeil à des heures indues, et le séjour dans une maison étrangère, telles sont les six sources de déshonneur pour une femme.

« Les femmes ne regardent pas à la beauté et

---

1. IX, 18-19.
2. II, 213-215.

ne tiennent aucun compte de l'âge ; beau ou laid, elles se disent : — c'est un homme, — et se donnent à lui.

« Par passion pour l'homme, par mobilité d'esprit, par manque naturel d'affection, elles trahissent ici-bas leurs époux, quelque soigneusement qu'on les garde.

« Donc connaissant cette disposition naturelle qu'a mise en elles le Créateur au moment de la création, l'homme doit apporter un soin extrême à les garder.

« L'amour de leur lit, de leur siège, de la toilette, la luxure, la colère, les penchants vicieux. la malice et la dépravation, voilà les attributs que Manou assigna aux femmes [1]. »

« Une petite fille, une jeune femme, une femme mûre, ne doivent jamais rien faire de leur propre autorité, même dans leur maison.

« Dans l'enfance, la femme doit être dépendante, de son père, dans la jeunesse, de son époux, et, si son mari est mort, de ses fils ; elle ne doit jamais jouir de l'indépendance [2]. »

« Nuit et jour les femmes doivent être tenues

---

1. IX, 13-17.
2. V, 147-148.

dans la dépendance par leurs maris et autres mâles de la famille ; si elles sont trop attachées aux objets des sens, on doit les tenir sous son autorité.

« C'est leur père qui les protège dans leur enfance, leur époux qui les protège dans leur jeunesse, leurs fils qui les protègent dans leur vieillesse ; la femme ne doit jamais être indépendante.

« Un père qui ne donne pas sa fille en mariage à temps est blâmable ; blâmable est un époux qui néglige sa femme ; blâmable est un fils qui ne protège pas sa mère lorsqu'elle est devenue veuve.

« Les femmes doivent être particulièrement préservées contre les mauvaises inclinations, fussent-elles sans conséquence ; car non surveillées elles feront le chagrin de deux familles.

« Considérant que c'est là le devoir principal de toutes les castes, que les maris, même faibles, s'efforcent de garder leurs femmes.

« Car en gardant soigneusement sa femme, on préserve sa postérité, les coutumes vertueuses de la famille, soi-même et ses propres devoirs,

« Personne ne peut garder les femmes par la force ; mais on peut les garder par les moyens suivants :

« Que le mari occupe sa femme à amasser ou à dépenser l'argent, à tenir propres les objets et son propre corps, à accomplir ses devoirs, à cuire les aliments et à surveiller les ustensiles de ménage.

« Les femmes enfermées à la maison, même sous la surveillance d'hommes de confiance, ne sont pas gardées; celles-là seules sont bien gardées qui se gardent elles-mêmes [1]. »

La femme doit à son mari amour, respect, obéissance, fidélité jusque par delà la mort; elle doit s'efforcer de lui plaire, lui faire aimer son intérieur, partager ses plaisirs et ses peines, l'aider de tout son pouvoir par la bonne administration de la maison.

« Elle ne doit jamais souhaiter d'être séparée de son père, de son époux, et de ses enfants; car, en se séparant d'eux, elle déshonorerait deux familles.

« Celui auquel elle a été donnée par son père, elle doit lui obéir de son vivant, et ne pas l'outrager après sa mort.

« La formule de bénédiction et le sacrifice au Seigneur des créatures sont usités dans les mariages pour appeler sur les mariés la prospérité; mais l'autorité du mari repose sur le don de la femme par son père.

. IX, 2-12.

« L'époux, dont l'hymen a été célébré avec les prières d'usage, procure toujours à sa femme, en temps opportun ou hors de saison, la félicité en ce monde et dans l'autre.

« Même indigne, débauché, dépourvu de qualités, un époux doit toujours être révéré comme un Dieu par une femme vertueuse [1]. »

« Une femme vertueuse, qui désire être réunie dans un autre monde avec son mari, ne doit rien faire qui lui déplaise de son vivant ou après sa mort.

« Qu'elle émacie, si elle veut, son corps et se nourrisse de fleurs, de racines et de fruits purs; mais, son mari mort, elle ne doit même pas prononcer le nom d'un autre homme.

« Jusqu'à sa mort elle doit être patiente, adonnée à des observances pieuses, chaste, attentive à suivre les excellentes règles des femmes qui n'ont qu'un époux.

« Une femme vertueuse, qui, après la mort de son époux, persévère dans sa chasteté, va au ciel, même sans avoir d'enfants, aussi bien que ces hommes chastes.

« Mais la femme qui, par désir d'avoir des en-

---

1. IX, 149, 150-154.

fants, manque à ses devoirs envers son époux mort, se déshonore ici-bas et perd tout espoir d'être un jour réunie à son mari.

« Par son infidélité à son mari une femme encourt le blâme dans ce monde ; après sa mort elle renaît dans le ventre d'un chacal, ou bien elle est tourmentée par des maladies en punition de son crime.

« Celle qui, chaste dans ses pensées, ses paroles, son corps, ne trahit jamais son époux, obtient d'être réunie à lui dans l'autre monde, et les gens de bien l'appellent une femme vertueuse.

« Par une telle conduite, une femme chaste dans ses pensées, ses paroles et son corps acquiert ici-bas une excellente renommée, et dans l'autre monde est réunie à son époux.

« Un Dvidja, instruit de la Loi, lorsque sa femme de même caste, s'étant conduite de la sorte, meurt avant lui, doit la brûler avec le feu consacré et les vases du sacrifice selon la règle [1]. »

En dehors de ses devoirs envers son mari, la femme vertueuse a pour fonctions de mettre au monde des enfants, surtout des fils, de les élever et de surveiller la maison avec économie et gaîté

---

1. V, 156-167.

afin de la rendre agréable à son seigneur et maître :

« Mettre au monde des enfants, les soigner quand ils sont nés, et surveiller les soins domestiques dans tous leurs détails, telles sont évidemment les fonctions de la femme [1]. »

« Qu'elle soit toujours gaie, entendue dans les travaux du ménage, soigneuse de l'entretien du mobilier, modérée dans ses dépenses [2]. »

Mais là ne s'arrêtent pas ses devoirs ; elle a aussi certaines obligations religieuses à accomplir, telles qu'assister son mari dans les sacrifices domestiques, accueillir et servir les hôtes, préparer et faire les oblations quotidiennes aux mânes des ancêtres, et enfin, si son mari est absent, entretenir avec du fumier de vache le feu sacré du foyer domestique.

« L'épouse doit faire, le soir, avec la nourriture préparée (pour la famille) une offrande *bali* (offrande de boulettes de riz), sans réciter aucune formule sacrée ; car l'oblation, dite à tous les dieux réunis (*viçvedevah*), est prescrite pour le soir et le matin [3]. »

1. IX, 27.
2. V, 150.
3. III, 121.

« Une épouse légitime, fidèle à son mari et attentive au culte des mânes, devra manger soigneusement la boulette du milieu, si elle désire un fils.

« Ainsi elle enfantera un fils destiné à une longue vie, plein de gloire et de sagesse, riche, ayant une nombreuse postérité, vertueux et juste [1]. »

Quelle sera, en ce monde, la récompense de la femme accomplie qui s'acquitte avec ponctualité et fidélité de tous les multiples devoirs que lui impose la loi religieuse et sociale? C'est ici que se montre surtout la situation élevée faite à la femme indienne. Outre l'affection de ses proches, l'amour de son mari, les soins et les prévenances dont il l'entourera (comme nous le verrons tout à l'heure en traitant des devoirs des parents et du mari), elle sera au dehors et chez elle respectée et honorée de tous, et recevra dans son intérieur une sorte de déification ; ce sera le bon ange ou la Déesse du foyer.

« Entre des femmes heureuses par leur fécondité, dignes d'honneur et qui sont comme un flambeau éclairant toute la maison, et la Déesse de la

---

[1]. III, 262-263.

Fortune (Çrĩ ou Lakchmĩ), il n'existe pas, dans les familles, de différence [1]. »

Elle a aussi des droits ou, plus exactement, ses parents, son mari, ses enfants ont envers elle des devoirs non moins déterminés et rigoureux que les siens. Son père, à son défaut ses frères et particulièrement l'aîné, lui doivent non seulement leurs soins pendant son enfance, mais encore ont l'obligation de la marier selon son rang dès qu'elle est devenue nubile ; s'ils y manquent, elle est déliée de tous liens d'obéissance envers eux et peut se choisir un mari sans leur consentement. Mariée, elle a droit à l'amour, à la fidélité, au respect de son mari, qui doit l'entourer de soins et satisfaire à ses désirs conformément à son rang et à sa fortune. Veuve, elle doit être honorée et respectée par ses fils et tenir toujours chez eux le rôle de maîtresse de maison.

« S'il se présente un prétendant distingué, beau, de même caste, un père pourra lui donner sa fille en mariage, suivant la règle, lors même qu'elle n'a pas atteint l'âge.

« Mais une jeune fille, même nubile, devra res-

---

1. IX, 26.

ter dans la maison paternelle jusqu'à la mort plutôt que d'être jamais donnée à un prétendant dépourvu de qualités.

« Une jeune fille nubile devra attendre trois années un mari; passé ce temps, elle pourra prendre à son choix un époux de même caste.

« Si on néglige de la marier et qu'elle se cherche elle-même un mari, elle ne commet aucun péché, ni celui qu'elle prend.

« Une jeune fille qui se choisit elle-même un époux, ne doit emporter avec elle aucune parure venant de son père, de sa mère ou de ses frères; si elle en emportait ce serait un vol.

« Celui qui prend une jeune fille déjà nubile ne doit pas au père le prix nuptial, car ce dernier perd tous ses droits sur sa fille en empêchant les effets de sa nubilité [1]. »

« L'homme est autant que sa femme, lui-même et ses enfants, est-il dit; et les brāhmanes déclarent également ceci : — l'homme est dit ne faire qu'un avec sa femme [2]. »

« Quelles que soient les qualités d'un homme à qui une femme s'unit légitimement, elle les ac-

---

1. IX, 88-93.
2. IX, 45.

quiert elle-même, comme une rivière qui se confond dans l'Océan.

« Akchamālā, bien que née dans la plus basse caste, par son union avec Vasichtha, et Sāranguī, par son union avec Maṇḍapāla, devinrent dignes d'honneur.

« Elles et d'autres femmes ici-bas, qui étaient de basse extraction, ont atteint un rang élevé, grâce aux belles qualités de leurs époux [1]. »

« Les femmes doivent être honorées et parées par leurs pères, frères, maris et beaux-frères, s'ils désirent une grande prospérité.

« Là où les femmes sont honorées, les Dieux sont contents ; là où elles ne le sont pas, tous les sacrifices sont stériles.

« Une famille où les femmes sont malheureuses dépérit très rapidement ; celle où elles ne le sont pas, prospère toujours.

« Les maisons maudites par les femmes, qui n'ont pas été honorées (comme il faut), périssent de fond en comble, comme détruites par enchantement.

« C'est pourquoi les hommes soucieux de leur prospérité doivent toujours honorer les femmes

---

1. IX, 22-24.

aux jours de fête et dans les cérémonies, (en leur offrant) des parures, des vêtements et des friandises.

« Dans une famille où le mari se complaît avec sa femme et la femme avec son mari, la prospérité ne peut manquer d'être durable.

« Car si la femme ne brille pas (par sa parure) elle ne peut charmer son époux, et d'autre part si le mari n'éprouve aucun charme, il ne naît point de postérité.

« Quand la femme brille (par sa parure) toute la famille resplendit ; mais si elle ne brille pas, tout est sans éclat [1]. »

« Que le brāhmane n'hésite pas à servir d'abord, même avant les hôtes, les jeunes épouses, les enfants, les malades, les femmes enceintes [2]. »

« Les épouses du précepteur ont droit aux mêmes hommages que lui-même, si elles sont de même caste ; mais si elles appartiennent à des castes différentes, il (le Brahmātchari) doit les honorer seulement en se levant et saluant [3]. »

« L'élève qui a vingt ans révolus, et qui distingue le bien du mal, ne doit point saluer la jeune

1. III, 55-62.
2. III, 114.
3. II, 210-211.

femme de son précepteur en touchant ses pieds.

« Mais un jeune élève peut à son gré se prosterner à terre devant les épouses encore jeunes de son précepteur, conformément à la règle, en disant : — Je suis un tel.

« Au retour d'un voyage, il doit toucher les pieds des femmes de son précepteur, et les saluer chaque jour en observant les pratiques des gens vertueux [1]. »

« Une tante maternelle, la femme d'un oncle maternel, une belle-mère et une tante paternelle doivent être honorées comme la femme d'un maître spirituel; elles lui sont égales.

« Chaque jour on doit se prosterner aux pieds de la femme d'un frère, si elle est de la même caste; quant aux femmes des autres parents par le sang ou par alliance, c'est seulement au retour d'un voyage qu'on doit embrasser leurs pieds.

« Envers la sœur de son père ou de sa mère, envers sa sœur aînée, on doit se comporter comme envers une mère; cependant une mère est plus vénérable qu'elles [2]. »

« Il faut céder le pas à une personne en voiture,

---

1. II, 212, 216-217.
2. II, 131-133.

à un nonagénaire, à un malade, à un homme chargé d'un fardeau, à une femme, à un brāhmane qui a terminé ses études, à un prince, à un marié[1]. »

Si la loi brâhmanique traite les femmes en créatures inférieures incapables de se conduire elles-mêmes et leur impose des devoirs rigoureux de soumission et d'obéissance, elle se préoccupe aussi de les protéger efficacement contre les attentats et les spoliations dont elles peuvent être victimes en raison même du peu de défense qu'elle leur suppose, et édicte à cet effet des peines sévères, graduées, il est vrai, suivant la caste de la victime et du coupable. Le viol d'une brāhmine, d'une kchatrîyā ou d'une vaiçyā est puni de mort, celui d'une çoūdrā, de mutilation ou d'une forte amende; toutefois, si le coupable est un brâhmane la peine de mort est commuée pour lui en exil perpétuel, la vie des brâhmanes étant sacrée.

Nous avons vu tout à l'heure que le père ou, à son défaut, le frère d'une jeune fille était tenu de la marier dans les trois années suivant sa nubilité, faute de quoi elle acquérait le droit de se

---

1. II, 138.

choisir elle-même un époux; plusieurs articles du Code de Manou interdisent aussi aux parents de rien recevoir du prétendant à la main d'une jeune fille :

« Un père connaissant (son devoir) ne devra pas accepter la moindre gratification (pour le don) de sa fille ; en acceptant par cupidité une gratification, il serait le marchand de sa fille [1]. »

« Quelques-uns ont dit que (le présent) d'un taureau et d'une vache (fait) à un mariage suivant le rite des saints n'était pas une gratification (mais) à tort ; car grande ou petite toute gratification (acceptée par le père) serait un marché.

« Quand les parents ne prennent pas (pour eux) le cadeau (fait à la jeune fille), ce n'est pas un marché [2] ; il n'y a là qu'une marque d'honneur et d'affection envers la future épouse [3]. »

Comme conséquence de l'importance attribuée au mariage d'une jeune fille en temps voulu, Manou édicte encore que, si son fiancé meurt avant la célébration du mariage, le frère de celui-ci devra épouser la fiancée veuve, si elle y consent :

« Si le fiancé d'une jeune fille meurt après que

1. III, 51.
2. Ce cadeau est souvent dénommé cependant « prix nuptial ».
3. III, 53-54.

les fiançailles ont été faites, le propre frère du défunt doit l'épouser [1]. »

« Si celui qui donnera le prix nuptial pour obtenir une jeune fille meurt après l'avoir donné, celle-ci épousera le frère de son futur, si elle y consent [2]. »

En règle générale la femme est incapable d'hériter de la fortune paternelle ; enfant, jeune fille, veuve ou répudiée, elle doit être entretenue selon son rang par ses frères seuls héritiers légaux, ou par les proches parents héritiers à défaut de fils du défunt. Il y a cependant une exception à cette règle, dans le cas d'une « fille substituée », c'est-à-dire lorsqu'un père de famille, n'ayant pas de fils, marie sa fille sous la condition que le fils aîné de celle-ci deviendra son fils propre afin de pouvoir accomplir les rites funéraires pour lui et ses ancêtres ; dans ce cas, la fille hérite des biens de son père pour les transmettre à son fils. Par contre les filles héritent des biens de leur mère et Manou appelle tout particulièrement l'attention du roi sur la répression sévère de tous actes tendant à les déposséder tant de ces biens que de ceux qu'elles

---

1. IX, 69.
2. IX, 97.

peuvent avoir reçus en cadeaux de leurs parents ou amis.

« Les parents qui, dans leur folie, vivent sur le bien d'une femme (et s'approprient) les voitures ou les vêtements d'une femme (sont) coupables (et) vont en enfer [1]. »

Toutes ces prescriptions rigoureuses envers les femmes ont pour but d'assurer la constitution et le bon fonctionnement de la famille, base de la société, et de conserver sans mélange la pureté de la race. Aussi ne devons-nous pas nous étonner de trouver dans tous les codes et principalement dans celui de Manou, des règles nombreuses et minutieuses relatives au mariage et aux conditions dans lesquelles il doit se contracter.

La loi brâhmanique reconnaît huit modes de mariage ayant des effets légaux légitimes ; mais le plus estimé est le *don* de la jeune fille par son père à un prétendant de même caste qu'elle et douée des qualités de beauté et d'intelligence propres à faire souche d'enfants bien constitués :

« Apprenez maintenant, en peu de mots, les huit modes de mariage (propres) aux quatre castes, prospères ou funestes en ce monde et dans l'autre.

1 II, 52.

« (Ce sont les modes dits) de Brahmā, des Dieux, des Saints, du Seigneur de la création, des Mauvais Esprits, des Musiciens célestes, des Démons, et enfin le huitième et le plus vil, celui des Vampires.

« (Quand un père), donne sa fille, après l'avoir vêtue et honorée (par des cadeaux) à un homme instruit dans le Véda et vertueux, qu'il a volontairement invité, (c'est ce qu'on) appelle le mode de Brahmā.

« (Quand un père) ayant paré sa fille, la donne au cours d'un sacrifice à un prêtre officiant, qui accomplit dûment le rite, (c'est ce qu'on) appelle le mode des Dieux.

« (Quand un père) donne sa fille suivant la règle, après avoir reçu du prétendant un taureau avec une vache, ou deux couples (de ces animaux) pour (l'accomplissement) d'un sacrifice, (c'est ce qu'on) appelle le mode des Saints.

« (Lorsqu'un père) donne sa fille avec cette formule : « Pratiquez tous deux vos devoirs ensemble », et avec les honneurs (dus, c'est ce qu'on) appelle le mode du Seigneur de la création.

« (Quand le prétendant) après avoir donné aux parents et à la jeune fille des cadeaux proportionnés à ses moyens, reçoit sa fiancée de son plein gré, (c'est ce qu'on) appelle le Mode des Mauvais Esprits.

« L'union volontaire d'un jeune homme et d'une jeune fille doit être regardée comme le mode des Musiciens célestes (Gandharvas); elle naît du désir et a pour but final le plaisir sexuel.

« Le rapt, avec effraction, blessures ou meurtre (des parents), malgré les pleurs et les cris de la jeune fille, s'appelle le mode des Démons.

« Quand (un homme) se rend maître par surprise d'une jeune fille endormie, ivre ou folle, c'est le mode des Vampires, le huitième et dernier, le plus exécrable de tous.

« Pour les Brāhmanes, le don d'une fille (précédé de libations) d'eau est le plus approuvé; pour les autres castes (la cérémonie se fait) au gré de chacun.

« Les quatre (premiers modes de) mariage, dans l'ordre énoncé, à commencer par le mode de Brahmā, donnent naissance à des enfants, qui brillent par la connaissance des Védas et sont estimés des gens de bien.

« Possédant les qualités de beauté et de bonté, riches, renommés, nageant dans les plaisirs, très vertueux et qui vivent cent années.

« Mais des (quatre) autres (modes) blâmables de mariage naissent des enfants cruels et menteurs, ennemis du Véda et de la Loi Sacrée.

« D'un mariage sans reproche naît pour les hommes une postérité sans reproche, et d'un (mariage) répréhensible (naît une postérité) répréhensible, on doit donc éviter les (modes d'unions) entachés de blâme [1]. »

Le jeune Indou des trois castes supérieures commence entre huit et douze ans son instruction religieuse, dont la durée normale est de douze années et qui constitue la première des quatre phases de la vie idéale de l'Ârya. Ce temps de scholarité ou de noviciat accompli, il doit aussitôt se marier, afin de devenir à son tour « Maître de maison » (*Grihastha*) et constituer la nouvelle famille qui succédera à la famille paternelle et assurera la perpétuité des rites funéraires indispensables au bien-être des ancêtres dans l'autre monde. Mais pour assurer son bonheur conjugal le choix d'une compagne est affaire grave, et Manou lui énumère complaisamment les vices rédhibitoires qu'il doit éviter chez sa future épouse :

« Après avoir, avec l'assentiment de son précepteur (*Gourou*), pris le bain final et accompli suivant la règle la cérémonie du « retour à la maison », que le Brāhmane épouse une femme de

---

[1]. III, 20-42.

même caste, ayant les signes qui présagent la prospérité.

« (Une personne) qui n'est pas parente jusqu'au sixième degré de sa mère et n'appartient pas à la famille de son père, (voilà celle) qu'on recommande à un Dvidja (de choisir) pour le mariage et l'union conjugale.

« Même quand elles seraient grandes et riches en vaches, chèvres, brebis, grains et biens (de toutes sortes), voici les dix familles qu'il doit éviter en s'unissant à une épouse.

« Celle où l'on néglige les sacrements, celle où il n'y a pas d'enfants mâles, celle où on n'étudie pas le Véda, celle où le système piteux est trop développé, celle où règnent les hémorroïdes, la phtisie, la dyspepsie, l'épilepsie, la lèpre blanche et l'éléphantiasis.

« Il n'épousera pas une jeune fille rousse, ayant un membre de trop, maladive, trop peu ou trop velue, bavarde ou (ayant les yeux) rouges.

« Ni celle dont le nom est tiré d'une étoile, d'un arbre, d'un fleuve, ou qui porte un nom barbare, un nom de montagne, un nom d'oiseau, de serpent, ou un nom d'esclave, ou un nom inspirant la terreur.

« La femme qu'il épousera doit avoir le corps

exempt de difformités, un nom de bon augure, la démarche d'un flamant ou d'un éléphant, le duvet et les cheveux fins, les dents petites et les membres délicats.

« Un homme sensé n'épousera pas une fille sans frère, ou de père inconnu, par crainte (dans le premier cas d'épouser) une fille substituée, (dans le second cas de contracter une union) illicite.

« Aux Dvidjas il est enjoint d'épouser en premier lieu une femme de même caste ; mais pour ceux que l'amour pousse (à un second mariage), voici suivant l'ordre (des castes), les (femmes) qui doivent être préférées :

« Il est déclaré qu'un Çoūdra (ne peut épouser) qu'une femme (Çoūdrā), un Vaiçya une Çoūdrā ou une personne de sa propre caste, un Kchatrīya (peut choisir dans) les deux (castes) précédentes ou dans sa propre caste, un Brāhmane dans ces trois (castes) et dans la sienne propre.

« En aucune histoire il n'est raconté qu'une femme Çoūdrā (soit devenue la première) épouse d'un Brāhmane, ou d'un Kchatrīya, même en cas de nécessité.

« Les Dvidjas qui, par folie, épousent une femme de la dernière caste, font bientôt tomber leur famille et leurs descendants à la condition de Çoūdras.

« Selon Atri et (Gotama) fils d'Outathya, celui qui épouse une Çoūdrā déchoit (immédiatement de sa caste); suivant Saounaka (il déchoit) à la naissance d'un fils, suivant Bhrigou, lorsque ce (fils) a un enfant mâle [1]. »

« Si les Dvidjas épousent des femmes de leur caste ou d'une autre caste, la préséance, les honneurs et le logement de ces femmes doivent être déterminés d'après l'ordre de leur caste.

« Parmi tous les Dvidjas, c'est la femme de même caste et jamais celle d'une autre caste qui doit remplir auprès de l'époux le service du corps, et l'assister dans les devoirs religieux de tous les jours [2]. »

Le mariage, dont nous passons les cérémonies rituelles, est indissoluble en principe; du moins en ce qui concerne la femme :

« Ni par vente, ni par abandon, une femme n'est dégagée des lois qui l'unissent à son époux; nous savons que telle est la loi établie de toute antiquité par le Seigeur des créatures.

---

1. III, 4-16.
2. IX, 85-86.

« Une seule fois se fait le partage de l'héritage, une seule fois une jeune fille est donnée en mariage, une seule fois on dit : — J'accorde. — Ces trois actes n'ont lieu qu'une fois [1]. »

Les fiançailles même ont également le caractère d'indissolubilité :

« Un homme sensé, après avoir accordé sa fille à quelqu'un, ne doit point la donner de nouveau à un autre, car celui qui, après l'avoir accordée une première fois, la donne une seconde, encourt le péché de faux témoignage en ce qui concerne un homme [2]. »

Il est cependant des circonstances où le divorce ou la répudiation peuvent se produire : erreur dans la personne, défauts ou maladies cachées, inconduite de la femme, stérilité; dans ce cas la femme répudiée reprend ses biens et retourne vivre dans sa famille à la charge de son père ou de ses frères :

« Même après avoir épousé légitimement une jeune fille, on peut la répudier si elle est entachée de blâme, malade, déflorée, ou si on vous l'a fait épouser par ruse.

---

1. IX, 46-47.
2. IX, 71.

« Si quelqu'un donne en mariage une fille ayant un défaut sans le déclarer, le mari peut annuler le contrat avec le malhonnête homme qui lui a donné la jeune fille.

« Une femme buveuse, de mauvaises mœurs, insoumise, malade, méchante, prodigue, peut toujours être remplacée par une autre.

« Une femme stérile peut être remplacée la huitième année ; une femme dont tous les enfants sont morts, la dixième ; une femme qui n'enfante que des filles la onzième ; mais celle qui est acariâtre peut être remplacée immédiatement.

« Mais une femme malade, qui est bonne et vertueuse dans sa conduite, ne peut être remplacée qu'avec son consentement, et ne doit jamais être traitée sans respect [1]. »

On ne trouve dans Manou aucun indice de l'existence de la coutume barbare de la *Sātī*, ou immolation plus ou moins volontaire de la veuve sur le bûcher funéraire de son mari, dont le premier exemple se rencontre dans le Mahābhārata, ouvrage de deux ou trois siècles postérieur au Mānava-Dharma-Çāstra. La veuve vit dans la retraite avec ses fils ; si elle n'en a pas, dans

---

1. IX, 72-73, 80-82.

la famille de son mari, ou bien rentre dans sa propre famille; mais en tout cas il lui est interdit de convoler à une seconde union, quel que soit son âge et même si le mariage n'a pas été consommé.

La femme à l'époque indouiste. — A mesure qu'on se rapproche des temps modernes, au lieu de s'améliorer, la condition de la femme devient plus pénible, et si c'est, soi-disant, à son intention, pour l'initier aux traits généraux de la religion, que sont composés les poèmes épiques chantant les exploits des Dieux et des héros, et les Pourânas, mélanges de mythologie, de cosmogonie, de cosmographie et d'histoire légendaire, elle perd de plus en plus le respect et l'autorité de maîtresse de maison qu'elle avait jadis. De plus en plus on la traite en être inférieur, n'ayant d'autre fonction que de procréer des enfants, les élever et veiller aux soins matériels de l'intérieur. A l'exemple et sans doute sous l'influence des Mahométans, la polygamie se généralise, en même temps que la coutume de la claustration sévère dans les *zénanas* et l'obligation, pour les femmes de qualité, de ne sortir que strictement voilées et accompagnées de surveillantes, même quand il s'agit de cérémonies religieuses où jadis elles assistaient en compagnie de leurs maris; dans l'intérieur même, sauf chez quelques familles demeurées fidèles à l'ancien culte orthodoxe, elles ne participent plus aux sacrifices domestiques où jadis leur présence était obligatoire. Et en même temps, par une contradiction singulière, on voit les brāhmanes réclamer pour leurs femmes une vénération qui les assimile presque aux Déesses. Dans les cérémonies orgiaques du culte Tāntra, la Déesse Kālī est adorée sous la forme d'une femme en chair en os, qui accomplit tous les actes prêtés à la Déesse, et la secte matérialiste des *Lokayitas* ou *Tcharvakas* ne reconnaît pas d'autre divinité que la femme, pas d'autre paradis que les plaisirs qu'elle procure.

Dans les deux religions du Djainisme et du Bouddhisme la condition familiale et sociale de la femme est naturellement régie par les mêmes lois et les mêmes coutumes que chez les autres Indiens, et nous n'avons à nous occuper que de sa situation au point de vue religieux.

Ces deux croyances, — qui exaltent à outrance le renoncement au monde, l'ascétisme et la chasteté absolue, — attribuent à la femme les mêmes défauts de caractère et guère plus de vertus que le Brāhmanisme, et la considèrent comme un agent redoutable de perdition, le pire obstacle au salut, en un mot comme leur ennemi le plus dangereux, malgré les immenses services que sa piété et plus encore son enthousiasme ont rendu à leur expansion parmi les masses.

Cependant, si les Djains tiennent la femme en suspicion et lui refusent le privilège de parvenir au salut final ou *Mokcha* (la secte des Çvētāmbaras admet pourtant qu'elle peut aspirer et atteindre à la délivrance), ils lui témoignent du moins un respect et lui accordent une liberté qu'elle n'a point parmi les sectateurs des autres religions. Leurs Tīrthamkaras ont établi en règle absolue l'interdiction d'entrer en religion du vivant de sa mère, afin de lui épargner la douleur de la séparation, et cette règle a été observée même par Vardhamāna, leur dernier Djina. Chez eux, point de zénanas strictement clos : la femme va et vient partout librement et sans voile ; et si les préjugés enracinés obligent les veuves à se raser la tête, à renoncer à toute parure, à vivre dans la retraite et leur interdit un nouveau mariage, les couvents de religieuses offrent un asile paisible et respecté à celles qui n'ont point de famille ou sont mal traitées par leurs proches.

Chez les Bouddhistes l'infériorité religieuse de la femme est encore plus accentuée ; plus que les Tīrthamkaras le Bouddha Çākyamouni était mysogyne, et l'a traitée en ennemie, tant il redoutait son influence sur la vocation de ses moines. Bien que dès le début de sa prédication ce soit parmi les femmes qu'il a rencontré la foi la plus vive et la plus agissante, bien qu'il ait lui-même jugé bon de recevoir leurs largesses et accepté les dons faits à la confrérie du Bhikchous même par des courtisanes, il interdit à ses religieux de regarder les femmes et de leur parler autrement que pour demander l'aumône ; il leur refuse la possibilité d'atteindre au Nirvâna et leur accorde seulement comme récompense de leurs vertus la faveur de renaître hommes dans une nouvelle existence ; crainte de leur versatilité, de leur légèreté, de leur coquetterie et des désordres qu'il redoutait qu'elles apportassent dans la confrérie, il refuse longtemps d'instituer l'ordre des religieuses ou Bhikchounīs, et quand il cède aux supplications trois fois répétées de sa femme Gopā et de sa tante Mahā-Pradjāpatī Gautamī, et aux instances de son disciple favori Ânanda, il impose aux religieuses des règles de vie encore plus sévères que celles des moines, l'obligation de traiter ces derniers comme des supérieurs et de se soumettre à leur direction religieuse et morale.

Il faut bien reconnaître que les appréhensions du Bouddha étaient fondées et que les monastères de Bhikchounīs ont été causes de plus de scandale que d'édification.

Nous avons vu la place et la situation que la loi et la religion ont fait aux femmes de l'Inde, il nous reste maintenant à rechercher ce qu'était leur condition dans la vie courante à l'aide des données que nous fourniront la littérature profane et le théâtre.

CONFÉRENCE DU 24 DÉCEMBRE 1899

LA CONDITION DE LA FEMME DANS L'INDE ANCIENNE.

II

La femme dans la littérature et au théatre.

Mesdames, Messieurs.

Il est inutile, je crois, que j'insiste sur ce fait que les livres sacrés et les codes de lois, dans la rigueur sèche de leurs articles, ne peuvent nous présenter de la vie publique et privée d'un peuple que l'idéal rigoureux qu'ils ont conçu et tenté de réaliser. Il y a toujours loin de leurs prescriptions étroites aux réalités de la vie courante, et cette réalité, ou du moins son image, c'est dans la littérature profane, les contes et les traditions populaires qu'il nous faut la chercher, et peut-être avant tout dans le théâtre, miroir fidèle, malgré ce qu'il a certainement d'artificiel et de conventionnel, qui reflète aussi bien que le roman et avec plus de vérité que la poésie, les mœurs et les usages d'une nation et d'une époque.

Dans ses différents genres, la littérature profane de l'Inde est trop prodigieusement riche pour qu'il nous soit possible d'en faire une revue, même très incomplète, dans une simple causerie, et je me bornerai aujourd'hui à chercher quelques indications sommaires sur la condition de la femme indienne dans quelques-uns des ouvrages les plus connus, traduits en français et par conséquent facilement abordables à tous.

En première ligne, comme importance et réputation, viennent les deux grands poèmes épiques, le *Rāmāyana* et le *Mahābhārata*.

Il existe deux *Rāmāyanas*, assez semblables quant au fond, attribués l'un à Valmiki, l'autre à Tulçi-Dās. C'est du premier, le plus estimé et probablement le plus ancien que nous nous servirons. On n'est pas d'accord sur la date de sa composition que l'on place ordinairement entre le cinquième et le deuxième siècle avant notre ère : la dernière date paraît la plus vraisemblable. Ce poème, divisé en vingt livres ou chapitres, traite des aventures et hauts faits de Rāma-Tchandra, prince d'Ayodhyā, septième incarnation de Vichnou, descendu sur la terre pour exterminer Rāvana, roi de Lankā (Ceylan) et les Rākchasas (ogres), ses sujets.

Le *Mahābhārata* a pour auteur présumé Vyāsa, le célèbre Richi à qui on attribue la compilation et l'arrangement actuel des Védas et la fondation de l'école philosophique dite Védānta (inutile de dire que ce personnage est purement mythique). On le tient généralement pour plus moderne que le Rāmāyana, et il paraît certain qu'il a subi plusieurs remaniements et interpolations, dont la plus importante est celle de l'épisode de la Bhagavadgîtâ. Il a pour sujet la rivalité des deux familles royales des Pāṇdavas et des Kauravas.

Comme type de la poésie légère, nous prendrons les *Stances de Bhartrihari*. Bhartrihari était, dit-on, frère du roi Vikrama, inventeur de l'ère chronologique qui commence en 56 de notre ère ; après une jeunesse orageuse et adonnée aux plaisirs des sens (il eut jusqu'à trois cents femmes), blasé et dégoûté de la vie mondaine, il se fit ermite, et ce fut dans le silence de son ermitage qu'il composa son poème de trois cents pensées ou maximes, la plupart tellement légères qu'il est impossible de les citer.

La littérature populaire est représentée par le *Pantchatantra*, recueil de contes et de fables très semblables à celles d'Esope.

Enfin nous utiliserons aussi les œuvres théâtrales les plus renommées, dont plusieurs sont plus anciennes que les premiers siècles de notre ère.

Le Rāmāyana et le Mahābhārata étant en grande partie inspirés par les légendes védiques et brāhmaniques, qu'ils se contentent souvent de développer surtout dans les épisodes où les Dieux interviennent, peuvent être considérés comme reflétant à peu près exactement le sentiment qu'inspirait la femme dans les temps presque primitifs de la civilisation indienne. La puissance de ce sentiment se révèle principalement dans les épisodes de séductions ; séductions irrésistibles auxquelles les sages les plus austères et les plus saints ne savent souvent pas résister. Les auteurs de ces poèmes s'efforcent bien de féminiser leurs héroïnes, mais malgré tous leurs efforts elles restent plus déesses que femmes et représentent presque toutes des types convenus soit en bien, soit en mal. même au physique, et les descriptions qu'ils en font se bornent en général à quelques épithètes banales, telles que : femme charmante, femme aux grands yeux, femme à la taille fine, aux larges hanches.

La poésie légère sera plus précise dans ses descriptions, mais souvent elle entre dans des détails si indiscrets qu'il n'est guère possible de les traduire autrement qu'en latin.

Quant aux œuvres théâtrales, elles sont très avares de descriptions, peut-être par prudence, de crainte que les interprètes humaines de leurs rôles ne répondent pas au portrait du modèle et produisent une trop forte déception parmi les spectateurs.

Nous pouvons cependant, de l'ensemble de ces divers genres de littérature, tirer assez de renseignements, pour esquisser dans ses lignes principales le type idéal de beauté que se faisaient les Indiens.

La femme parfaite, telle que nous la dépeignent les auteurs de cette époque, a de grands yeux vifs, animés, expressifs; ses sourcils bien fournis ont la forme d'un arc; sa bouche petite a des lèvres rouges comme la fleur de l'açoka ou du grenadier; ses dents sont petites et blanches, ses cheveux noirs et fins. Les cheveux blonds devaient être rares et peu appréciés, car il n'en est fait mention qu'une seule fois, à ma connaissance, dans le portrait de la blonde Mandodarī, femme de Rāvana, et encore ne faut-il pas oublier que Mandodarī, est une Rākchasī, c'est-à-dire un démon femelle ; quant au roux, il était un objet d'horreur, et vous devez vous souvenir que Manou interdit le mariage avec une rousse.

Les bras de la jolie femme doivent être longs — les statues des déesses ont des bras qui atteignent le genou — terminés par une main fine aux doigts effilés ; son buste est abondamment développé (c'est une image courante chez les poètes que de décrire une femme comme « penchant sous le poids de ses seins »), sa taille mince ; ses hanches sont larges et ses jambes rondes et bien droites. Son teint sera clair, blanc ou plutôt jaune d'or (cependant Draupadī, l'épouse commune des cinq fils de Pāṇḍou, quoique noire n'en est pas moins célèbre pour sa beauté ; mais il ne faut pas oublier qu'elle est un personnage mythique et par conséquent en dehors de la réalité). Sa démarche est celle d'un flamant, d'un cygne, ou d'un jeune éléphant.

Voici, d'ailleurs, pour compléter cette froide énumération des charmes physiques de la femme idéale, le charmant portrait que fait de son amante le jeune Mādhava dans le drame intitulé « Mālatī et Mādhava [1] » :

« Sa taille est aussi délicate que la tige du lotus, son front aussi blanc que l'ivoire le plus pur, plus blanc que les rayons de la lune, et chacun de ses gestes, s'ils attestaient son aimable complaisance pour les désirs de ses femmes, attestaient aussi son indifférence pour elle-même.

« L'amour se lisait dans ses yeux aussi beau que le lotus. Quelle fermeté capable de résister à cette chaste expression de la nature, animée, quoique muette ? Qui ne se laisserait subjuguer par ces deux vainqueurs qui, tantôt s'épanouissaient pareils à deux boutons placés sous le sourcil, flexible comme la liane, et tantôt abaissés, diminués, à moitié détournés, pour éviter une réponse, laissaient tomber le voile de leurs paupières pour voiler l'éclat qui les embellissait. »

Dans l'Inde, comme partout et à toutes les époques, la parure est le complément obligatoire que la coquetterie féminine donne à sa beauté naturelle, aussi ne devons-nous pas nous étonner de

---

[1]. H.-H. Wilson : chefs-d'œuvre du théâtre indien, trad. par A. Langlois.

la complaisance avec laquelle on nous décrit ses détails.

Le costume de la femme n'a guère changé depuis trois mille ans. Sa pièce principale, celle qui remplace la robe, est le *Sari*, pièce d'étoffe dont la largeur est calculée pour aller de la taille de la femme à ses pieds et longue de huit mètres. Le Sari s'enroule trois ou quatre fois autour de la taille et la partie restée libre est gracieusement drapée sur les épaules, comme une écharpe, ou bien relevée de manière à couvrir la tête et à faire voile. Sous ce vêtement léger le buste restait nu, ou bien était recouvert d'un corsage très ajusté.

Le Sari se faisait en soie, en mousseline, en gaze, en étoffes légères et transparentes dont les plus estimées étaient fabriquées à Kāçī, l'antique Bénarès.

De tout temps la femme indienne a été amoureuse de bijoux. Elle portait des boucles d'oreilles, souvent énormes, en argent, en or, et ornées de pierres précieuses ; un mince anneau d'or garni de perles trouait sa narine droite ou gauche ; elle portait des colliers, une ceinture de métal précieux enrichie de rubis, d'émeraudes, de saphirs, de turquoises, des bagues à tous les doigts, même aux orteils, des bracelets aux bras et aux poignets, enfin aux chevilles des anneaux, appelés *Noupouras*, souvent garnis de sonnettes ou de grelots.

Les fleurs sont aussi un élément important de la toilette des femmes ; elles les portent en couronnes, en guirlandes et le plus souvent se plaisent à piquer une simple fleur aux couleurs éclatantes dans leurs cheveux au-dessus de l'oreille gauche ou droite.

Enfin n'oublions pas les parfums dont elles font grand usage, les collyres pour donner de l'éclat aux yeux, les onguents destinés à adoucir la peau, le fard au safran qui leur donne ce beau teint jaune d'or tant apprécié de leurs admirateurs, le vermillon et le henné dont elles se teignent l'intérieur des mains, le tour des ongles et la plante des pieds.

Si nous passons maintenant au moral, nous voyons que les qualités que l'on prête ou qu'on demande à la femme, sont, la douceur, la compassion, l'égalité du caractère, l'activité, l'ordre, la soumission, la générosité et l'économie : ses vertus, l'obéissance, le respect de ses parents, l'amour et le respect de son mari, la fidélité conjugale. Sītā, dans le Rāmāyana, Kountī, Mādrī, Draupadī dans le Mahābhārata sont les types les plus parfaits de ces qualités et de ces vertus ; il est vrai qu'elles sont plus déesses que femmes. Leur bonté les porte à l'oubli des injures, et jointe à leur vive intelligence en fait souvent d'excellentes conseillères pour leurs maris. C'est ainsi que Sītā pardonne aux Rākchasīs qui l'ont insultée et tourmentée pendant sa captivité dans le palais de Rāvana, et que malgré tous les maux que lui ont causé les Kauravas, Kountī s'efforce de calmer la colère de ses fils et de ramener la bonne entente entre eux et leurs cousins.

Par compensation, les auteurs profanes, tout aussi pessimistes que les écrivains sacrés, attribuent à la femme en général toute une kyrielle de défauts : légèreté, mobilité, inconséquence, futilité, désir immodéré de plaire, amour du plaisir. dégoût du devoir, plaisir à semer la division, méchanceté, fausseté, bavardage, insoumission, désobéissance, paresse, gourmandise, amour exagéré de la parure, coquetterie, jalousie, envie, ambition, et des vices, dont les principaux sont l'orgueil démesuré, l'infidélité, la colère, la fourberie et l'ivrognerie.

Par ambition et pour, quoique seconde épouse seulement, assurer le trône à son fils Bharata, poussée par les conseils de la méchante bossue

Mantharā, Kékéyī décide le vieux roi Daçarātha à bannir son fils Rāma, et dans son humeur vindicative, Draupadī pousse à la vengeance ses maris, les cinq fils de Pāṇḍou, et cause ainsi la mort de nombreux héros victimes innocentes de son ressentiment. La littérature populaire insiste beaucoup sur le mauvais côté du caractère des femmes, surtout sur leur fourberie et leur infidélité.

Si nous en croyons nos auteurs, la femme indienne de leur temps était loin d'être l'ignorante qu'elle est aujourd'hui.

Elle lit : le Rāmāyana, le Mahābhārata, les Pourānas sont composés en grande partie à son intention afin de remplacer la lecture des Védas et autres livres sacrés qui lui est interdite ; les poésies et les contes sont écrits à son usage.

Elle écrit, elle est poète : Çakountatā, Ourvaçī, etc., écrivent des déclarations amoureuses en vers sur des feuilles d'arbres.

Elle dessine et peint : Mālatī fait de mémoire le portrait de Mādhava, et Sāgarikā celui du roi Vatsa.

Elle chante : Mālavikā se fait entendre à la cour d'Agnimitra et par son talent de chanteuse excite l'amour de ce roi.

Voyons maintenant quelle était la situation de

la femme dans son intérieur et dans la vie publique.

La jeune fille a un rôle très effacé dans les poèmes épiques, et on peut en conclure qu'elle ne paraissait pas ou peu en public ; au contraire la poésie légère et le théâtre la mettent en scène de préférence à la femme mariée. Un point intéressant à constater à son égard, c'est que, en dépit des prescriptions rigoureuses des divers codes, on lui reconnaissait le droit de se marier à son gré. Ainsi les amours de Mālatī et de Mādhava aboutissent à leur mariage malgré la volonté de Bhoūrivasou, père de la jeune fille.

De plus les filles de rois ou de princes sont l'objet de véritables tournois, Svayamvara, où princes et héros se disputent leur main, mais où elles conservent le droit d'accepter ou de refuser le vainqueur pour mari ; tel le Svayamvara où Ardjouna conquit la belle Draupadī.

L'épouse, tout entière absorbée dans son mari, paraît rarement dans la poésie et au théâtre, ou bien son rôle est très effacé, comme par exemple celui de la femme de Tchāroudatta, dans le Chariot de Terre-cuite, qui se borne à quelques scènes de jalousie et à une scène finale de désespoir quand elle croit son mari mort. Les poèmes nous la montrent surtout s'acquittant de ses devoirs envers son mari, l'assistant dans les sacrifices domestiques, l'aidant à remplir les devoirs de l'hospitalité, ou s'en acquittant à sa place en son absence; telle Sītā recevant dans sa cabane Rāvana déguisé en brāhmane, ou Çakountalā faisant les honneurs de l'ermitage de son père au roi Douchmanta.

La monogamie paraît avoir été l'état habituel dans la classe moyenne, tandis que la polygamie est générale parmi les rois, les princes et les grands. Toutefois la première épouse a toujours une situation supérieure à celle de ses compagnes, reste, malgré les charmes qu'elles peuvent avoir, la seule véritable « Maîtresse de maison ». Peut-être même son consentement était-il nécessaire pour autrefois créer de nouvelles unions; car le Mālavikāgnimitra nous montre les deux reines Dhārinī et Irāvatī donnant Mālavikā pour troisième femme à leur mari, et le Chariot de Terre-cuite, la femme de Tchāroudatta faisant taire sa jalousie, embrassant et présentant à celui-ci la courtisane Vasantasénā réhabilitée par le roi.

Quant à la polyandrie elle semble être restée à l'état d'exception, et le seul exemple que nous en ayons, est le quintuple mariage de Draupadī avec les cinq Pāṇḍavas, et encore le Mahābhārata croit devoir expliquer que les cinq fils de Pāṇḍou sont des émanations d'un seul Dieu, l'Être existant par lui-même, et par conséquent ne font en réalité qu'un seul et même Être.

Les femmes de condition vivent dans le zénana, gynécée plutôt que harem, qui est gardé, mais non fermé. Elles sortent à leur gré, mais accompagnées de servantes et de domestiques, et portent dans la rue le voile, marque distinctive de la femme comme il faut. Toutefois elles paraissent sans voile aux cérémonies des mariages, des funérailles, dans les temples et aux sacrifices publics, ainsi que nous l'apprend Rāma lui-même :

« Ce ne sont pas les maisons, ni les vêtements, ni l'enceinte retranchée d'un palais, ni l'étiquette d'une cour, ni tout autre cérémonial des lofs qui mettent une femme à l'abri des regards; le voile de la femme c'est la vertu de l'épouse.

« Dans les malheurs, dans les mariages, dans les cérémonies où les jeunes filles choisissent d'elles-mêmes un époux (*Svayamvara*), dans un sacrifice, dans les assemblées, la vue des femmes est abandonnée à tout le monde [1]. »

---

1. H. Fauche : Le Rāmāyana.

Le théâtre nous fournit aussi un exemple de ce fait : c'est à une fête au temple de Kāmadéva que Mādhava voit Mālatī pour la première fois, et que naît l'amour réciproque qui fait l'intrigue du drame.

Les indications sont fréquentes du respect dont la mère de famille était entourée par ses enfants, et si nous voulions en citer tous les exemples il faudrait reproduire en grande partie le Rāmāyana et surtout le Mahābhārata où, presque d'un bout à l'autre, la vieille reine Kountî conseille et dirige ses fils toujours prêts à déférer à ses avis, à accomplir ses désirs. Les premiers chapitres du Rāmāyana nous offrent un tableau analogue du tendre et respectueux amour de Rāma pour sa mère Kauçaliyā, et, malgré tout le mal qu'elle lui a fait, de son respect et de sa déférence pour Kēkéyī, la seconde épouse de son père.

Ce sentiment n'a du reste rien qui doive nous étonner si nous nous souvenons que le Code de Manou, met la mère au-dessus du père et du précepteur, dans un passage que rappelle le discours de Vasichtha à Rāma : « Il y a trois personnes que doit vénérer tout homme né en ce monde ; son précepteur, son père et sa mère ; ce sont là, fils de Kakoutstha, ces trois *gauravas.* »

Dans toute la littérature profane il est rarement question de la répudiation. Nous en trouvons toutefois, un exemple caractéristique dans l'épilogue, probablement interpolé, du Rāmāyana, où Rāma, poursuivi de doutes sur la pureté de Sītā, malgré l'épreuve du feu qu'elle a subie, la répudie, sans tenir compte de ses protestations, répudiation qu'il révoque du reste quelque temps après.

Plus fréquentes sont les allusions au triste sort des veuves qui doivent porter les cheveux liés en une seule tresse ou rasés, se priver de tout luxe, de tout plaisir, même de tout confortable, et ne pouvant se remarier restent toute leur vie soumises à leurs fils ou à charge à leur propre famille où elles sont souvent maltraitées, triste situation qui n'est peut-être pas étrangère à la résignation avec laquelle ces malheureuses se sont soumises à la coutume barbare de la *Sāttī* ou crémation des veuves sur le bûcher funéraire de leur mari.

On est très peu fixé sur l'origine de cet usage dans l'Inde. Il a été pratiqué chez presque tous les peuples primitifs et l'est aujourd'hui encore par quelques peuplades sauvages. On n'en rencontre aucune allusion dans les Védas, dans les

Brāhmaṇas, ni même dans les Lois de Manou, preuve certaine qu'il n'existait pas à l'époque où fut rédigé définitivement ce code. Quelques auteurs ont émis l'opinion que cet usage avait été institué afin de mettre un terme à de nombreux attentats commis par les femmes contre leurs maris; mais on n'a aucune preuve formelle à l'appui de cette hypothèse. Il paraît plus probable que la Sāttī a son origine dans une exagération d'amour conjugal, de douleur et sans doute aussi dans la croyance, entretenue par la religion, que par le mérite de cet acte d'amour la veuve serait éternellement unie à son époux dans l'autre monde.

Le premier exemple de Sāttī, se trouve dans le Mahābhārata, où Mādrī, la seconde femme du roi Pāṇḍou se sacrifie volontairement, peut-être par remords d'avoir été la cause involontaire et inconsciente de sa mort.

A une époque postérieure, deux drames, le Chariot de Terre-cuite et la Moudrā Rakchasā, nous montrent la femme de Tchāroudatta et celle de Tchandanadaça résolues à se brûler vives pour ne pas survivre à leurs maris qu'elles croient morts.

Un point important à signaler est la distinction que font les codes entre la femme gardée, c'est-à-dire la jeune fille et la femme mariée protégée et surveillée par son père ou son mari, et la femme non gardée, à quelque caste d'ailleurs qu'elle appartienne. Les pénalités sont beaucoup plus sévères pour les attentats et les violences commis sur les femmes gardées que sur celles qui ne le sont pas.

Le port du voile est l'indice extérieur de cette distinction : ainsi, lorsque la courtisane Vasantasénā est réhabilitée par le roi et qu'elle épouse Tchāroudatta, l'envoyé du roi lui pose un voile sur la tête.

Nous venons de prononcer le mot de courtisane, et tout délicat que soit ce sujet, il nous faut dire un mot de cette classe de femmes et du rôle qu'elles jouaient dans l'antique société indienne. La courtisane indienne ressemble étonnamment à l'ancienne courtisane grecque, à Laïs ou à Phrynée : son type le plus séduisant est le personnage de Vasantasénā, dans le Chariot de Terre cuite.

Comme ses sœurs de la Grèce, la courtisane indienne recevait une éducation soignée : elle devait être habile dans tous les arts et charmer par son esprit et son talent autant que par sa beauté. On ne la confondait jamais avec la tourbe, bien inférieure, des musiciennes, des chanteuses, des danseuses et des comédiennes, qui appartiennent d'ordinaire à la classe la plus méprisée de la population.

Il nous faut encore dire un mot d'une autre classe de femmes, peu considérées également bien qu'elles soient choisies cependant dans des familles de bonnes castes, les *Dévadasīs* ou Bayadères, Prises toutes petites et consacrées au Dieu du temple où on les élève, ces pseudo Vestales reçoivent une éducation et une instruction, paraît-il, assez soignées. Leurs fonctions consistent à danser, chanter, jouer de la *vina* ou du tambourin devant les images des Dieux dans les temples ou pendant les processions solennelles. Elles représentent les Apsaras, ces danseuses et musiciennes célestes, les plus belles des femmes, nées au sein de l'Océan pour le plaisir des Dieux et le malheur des hommes incapables de résister à leurs charmes et à leurs séductions. La conduite de ces Dévadasīs n'est pas beaucoup plus recommandable que celle des courtisanes et des danseuses vulgaires, mais elles sont un peu protégées contre le mépris public par le voile, assez transparent quand même, que jette sur elle la religion au service de laquelle elles ont été consacrées.

En résumé, dans l'Inde ancienne, même en faisant la part de ce que l'imagination et le convenu ont pu fournir à la littérature tant religieuse que profane, la femme paraît avoir été plus libre, plus instruite et plus respectée qu'aux temps modernes. Assez semblable à la situation des femmes grecques, sans atteindre peut-être à ce qu'était celle des Romaines, surtout des Gauloises et des Germaines, sa condition morale et sociale semble avoir été sensiblement supérieure à celle des autres Asiatiques, Sémites, Mongoles et Chinoises. Peut-être est-il permis, sans trop de danger, d'attribuer sa déchéance actuelle à l'influence néfaste du Mahométisme victorieusement introduit dans l'Inde du nord à partir du huitième siècle de notre ère.

CONFÉRENCE DU 24 JANVIER 1900

Comment s'est fondé le Pouvoir temporel des Dalaï-Lamas.

Mesdames, Messieurs,

Je ne crois ni vous étonner, ni exagérer en avançant que partout et en tout temps, le Sacerdoce s'est efforcé de mettre la main sur le pouvoir temporel et de subordonner le gouvernement laïque à la religion. Tout au plus, pourrait-on opposer à cette allégation l'exception de la Grèce, où jamais, depuis les temps historiques, il n'a joué ou même tenté de jouer, à ce qu'il semble, un rôle prédominant. Mais de tous les pays du monde, celui où la puissance sacerdotale s'est établie le plus profondément et le plus complètement, c'est le Tibet. Nulle part, du reste, le terrain ne pouvait être aussi favorable à la théocratie, étant donné la profonde ignorance de la population, sa misère, son caractère éminemment religieux, et son penchant invétéré à la superstition.

Dès son introduction dans cette contrée en 630 de notre ère, sous le règne de Srongtsan Gampo, jusqu'au milieu du dix-septième siècle, l'existence du clergé bouddhiste n'a été qu'une lutte perpétuelle pour la suprématie, lutte d'où il est sorti vainqueur en instituant un gouvernement théocratique absolu qui offre de curieuses ressemblances avec les principes et l'organisation de l'ancien gouvernement Pontifical romain. C'est cette lutte dont je vais essayer de vous retracer les péripéties, aussi instructives qu'intéressantes.

Mais avant tout, il nous faut dire un mot du religieux tibétain, le Lama, de son caractère et de ce qui le différencie des autres religieux bouddhistes.

Le Bouddhisme, quand il pénétra au Tibet, était bien différent de la secte philosophique à tendances athées, sans dieux, sans culte, ni rites, fondée jadis par le Bouddha Çākyamouni. Non seulement il était devenu une véritable religion par suite de la déification de son Maître, du culte institué en son honneur et de l'adoration de ses reliques; non seulement il s'était pénétré du mysticisme et de la dévotion aveugle du Yoga et du Védānta ; non seulement il avait inventé le Bouddha Éternel essence et raison d'être de toutes choses, Adi-Bouddha, conçu sur le modèle du Svayambhou brāhmanique, la foule des Bouddhas passés, présents et futurs, ainsi que des Bodhisattvas des « trois mille grands milliers de mondes » ; mais encore il avait reçu dans son sein toutes les divinités mâles et femelles du Brāhmanisme, surtout de la secte Çivaïte, et sous l'influence néfaste des doctrines tāntriques avait donné chez lui une place prédominante à la divination, l'astrologie, la sorcellerie et la magie. Aussi, exploitant l'ignorance superstitieuse des Tibétains et leur terreur des démons dont ils se croyaient entourés, est-ce comme exorcistes et magiciens experts, plutôt que comme apôtres d'une morale pure, que se présentèrent les premiers patriarches du Bouddhisme, et par la sorcellerie plus que par la prédication de la Bonne Loi qu'ils vainquirent et dépossédèrent de la confiance populaire leurs rivaux, les Chamanes de la religion indigène, ou *Bonpa*.

Lama (en tibétain *Bla-ma* « supérieur »), est un titre, équivalant au terme sanscrit de Gourou ou d'Atchārya, qui ne doit régulièrement s'appliquer qu'à un religieux renommé pour sa science et sa sainteté, mais qui se donne couramment par politesse et déférence à tous les membres du clergé tibétain et mongol (les titres réels de ses diverses classes étant : *lama* « supérieur », *gélong* « prêtre ordonné », *gétsoul* « diacre » et *gényen* « novice »), comme chez nous celui d'abbé.

Le Lama donc, pour lui donner le nom sous lequel il est habituellement désigné, diffère du *Bhikchou*, ou religieux indien, en ce qu'il n'est pas simplement un moine contemplatif, mais véritablement un prêtre, investi qu'il est d'une ordination, obtenue après un long noviciat et des études sérieuses, qui lui confère des pouvoirs spéciaux, notamment celui de procéder aux cérémonies du culte, à l'initiation et à l'ordination des nouveaux moines.

Mais le Lama n'est pas seulement un prêtre. Au milieu de ce peuple ignorant qui l'entoure d'une vénération et d'une crainte superstitieuse, il est l'homme universel, le savant par excellence ; il est éducateur, instituteur (il n'y a point d'autres écoles que les monastères), médecin, littérateur, astrologue, sorcier, architecte, sculpteur, peintre, imprimeur, voire même négociant. Il n'est, en effet, pas astreint comme le Bhikchou au vœu de pauvreté, peut posséder une fortune personnelle et la faire fructifier par tous les moyens possibles, même par l'usure.

Les Lamas se divisent en deux classes : les orthodoxes ou *Gélougpas,* appelés aussi Lamas jaunes en raison de la couleur de leur costume, et les *Nyingmapas* ou Lamas rouges, subdivisés eux-mêmes en plusieurs sectes, dont plusieurs permettent le mariage à leurs adhérents. Ils sont extrêmement nombreux par suite de l'usage de vouer à la vie religieuse au moins un jeune homme de chaque famille, usage qui s'explique par la raison que les Lamas détiennent toutes les fonctions, de fait si non de droit. A eux seuls ils constituent, dit-on, la septième ou la huitième partie de la population totale du Tibet.

Pour la plupart ils habitent des monastères, vastes aglomérations de maisons entourées de murailles, dont certains renferment plusieurs milliers de moines ; véritables universités où l'on vient de tous les points du pays étudier les sciences religieuses sous des maîtres renommés. Ces monastères, enrichis par les dotations royales et par les dons pieux de la population laïque, possèdent d'immenses biens territoriaux, administrés par leur économe ou trésorier, qu'ils augmentent non seulement en trafiquant des produits de leurs domaines, mais encore en se livrant à toute sorte de commerce : presque tout le trafic de transports, d'exportation et d'importation est ainsi entre les mains des Lamas.

Il est facile de comprendre quelle importance une pareille richesse peut donner au supérieur ou abbé, des grands monastères, même au point de vue politique. Aussi l'histoire ecclésiastique du Tibet est-elle toute entière remplie des récits des rivalités et des luttes, parfois sanglantes, des abbés des monastères importants, surtout quand ils appartiennent à des sectes différentes. Mais s'ils se jalousaient mutuellement, ils savaient aussi s'entendre pour arracher quelque lambeau de pouvoir à l'autorité civile, quitte à s'entredéchirer après pour le partage du butin.

Vers le commencement du treizième siècle la prédominance appartenait à la secte nommée *Saskyapa*, du nom de son monastère principal. Un moine de cette secte, surnommé P'ags-pa, envoyé comme missionnaire en Mongolie, se trouvant par hasard sur la route de l'illustre Khoubilaï-Khân au moment où il se disposait à envahir la Chine, lui prédit la victoire et l'empire. Devenu maître du Céleste Empire et empereur, Khoubilaï se souvint du moine et de sa prédiction et l'appela à sa cour, en 1270 (Tāranātha, l'historien officiel du bouddhisme tibétain, dit que P'ags-pa étant mort, c'est son neveu et successeur Lo-daï Gyaltsan qui vint à la cour de Khoubilaï). C'est de cette époque que date l'expansion du Lamaïsme en Chine. Mais ce n'est pas à de vains honneurs que se borna la reconnaissance de l'empereur. Il conféra par un édit à P'ags-pa et à ses successeurs comme supérieurs de la secte Saskya, la souveraineté religieuse et politique à la fois sur le Tibet, mais sans supprimer cependant le roi de ce pays qui continua à l'administrer sous l'autorité, plus nominale que réelle, des grands prêtres Saskya-pa.

En dehors d'une reconnaissance problématique, on peut assigner des causes politiques à l'acte de Khoubilaï : d'un côté le désir de flatter ses sujets mongols, en grande partie Lamaïstes ; de l'autre l'espoir de mettre ainsi un terme aux incursions continuelles des Tibétains sur le territoire chinois. En fait, de ce moment date la main mise de la Chine sur le Tibet.

Les successeurs de Khoubilaï continuèrent sa politique à l'égard du Tibet et du Lamaïsme, mais ne paraissent pas avoir atteint le but désiré ; car sous leurs règnes les incursions des Tibétains furent plus fréquentes et plus audacieuses que jamais, sans compter les difficultés que souleva la tyrannie de la secte Saskya-pa sur les sectes rivales, et notamment l'incendie du monastère Kargyoutpa de Dikoung, en 1320. Aussi la dynastie des Ming (1368-1616), qui leur succéda, changea-t-elle de tactique à l'égard du Tibet. Elle s'appliqua à diminuer la trop grande puissance de la secte Saskyapa en donnant aux abbés des monastères de Dikoung (de la secte Kargyoutpa) et de Ts'al (de la secte Khadampa) un rang et une autorité égaux à ceux du grand Lama de Saskya, en excitant habilement leur rivalité, et en comblant d'honneurs et de pensions les personnages principaux du pays afin de se les attacher.

Vers cette époque, en 1355, naquit à Khoumboum, dans le district d'Amdo, le célèbre Tsong-Khapa qui, indigné des vices et de la corruption des moines de son temps, des pratiques superstitieuses et des rites de sorcellerie qui déshonoraient le Lamaïsme, entreprit de le ramener à la pureté du Bouddhisme primitif, réunit promptement sous le nom de secte Gélougpa de nombreux adhérents, auxquels il donna pour les distinguer un costume jaune (les autres Lamas étaient vêtus de rouge) et fonda en 1409 le monastère de Galdan, dont il resta supérieur jusqu'à sa mort survenue en 1417.

On dit communément, mais à tort que Tsong-Khapa fut le premier Dalaï-Lama. Il n'eut jamais que le titre d'abbé de Galdan, de même du reste que son successeur Gédoun-Groub. Ce titre et cette dignité ne paraissent que pendant le pontificat de Ngavang Lobzang, quatrième successeur de ce dernier.

Profondément ambitieux et habile politique, de plus merveilleusement conseillé par son ancien précepteur, l'abbé de Tachilhounpo, Ngavang Lobzang sut exploiter avec habileté la puissance croissante de la secte Gélougpa et la popularité de Tsong-Khapa demeurée vivante dans toutes les classes de la société. Prenant vigoureusement en main les intérêts de sa secte, qu'il sut présenter comme ceux de la religion, il ne craignit pas d'entrer en lutte ouverte avec le roi du Tibet et sous prétexte du salut de la religion menacée dans sa pureté par la tyrannie de ce roi, protecteur des Lamas rouges, fit appel à l'assistance de Gouchi-Khân, prince des Mongols Kochots, qui, après avoir vaincu et déposé le roi, fit hommage du Tibet à l'astucieux Ngavang Lobzang.

Celui-ci s'attribua alors la qualification de *Gyelba Rïnpotché* « Précieuse-Majesté », et le titre mongol de *Talé* « Océan (de grandeur) », en tibétain *Gyé-t'so*, que les Européens ont transformé en « Dalaï-Lama », titres que, pour se créer une sorte de généalogie, il étendit à Gedoun-Groub, qui devint ainsi le premier Dalaï-Lama, en même temps qu'il donnait à son conseiller, l'abbé de Tachilhounpo, la première place après lui-même dans la hiérarchie ecclésiastique, avec le titre de *Pantchen Rïnpotché*, et lui constituait en apanage la souveraineté vassale de la province de Tsang.

Ngavang Lobzang fut aussi, croit-on, l'inventeur de la fiction de l'incarnation perpétuelle du Dhyāni-Bodhisattva Tchanrési *(Avalokitēçvara)* dans la personne des Dalaï-Lamas et de celle du Dhyāni-Bouddha Odpagmed *(Amitābha)* dans les Pantchen Rïnpotchés, donnant ainsi à ces grands personnages une sorte de filiation divine, exemple qui fut aussitôt suivi par tous les supérieurs de grands monastères, sauf celui de Galdan, qui se dirent incarnations perpétuelles du Bodhisattva, Dieu ou Saint, patron de leur secte ou de leur couvent.

La théorie de l'incarnation n'était pas en elle-même une nouveauté. De temps immémorial on a dit, dans l'Inde, peut-être par simple manière de parler, que les hommes illustres, surtout dans l'ordre religieux, étaient des incarnations de tel ou tel Dieu ou saint personnifiant les qualités maîtresses qu'on leur reconnaissait (métaphore empruntée sans doute au mythe des avatârs de Vichnou), et au Tibet même le roi Srongtsan Gampo, introducteur du Bouddhisme dans ce pays, était considéré comme une incarnation de Tchanrési, de même que son ministre Thoumi Sambhota passait pour un avatâr de Jamyang (*Mandjouçrî*), le Bodhisattva patron de la science. Ce qui était nouveau c'était l'idée géniale de la perpétuité de l'incarnation. On peut toutefois trouver étonnant que Ngavang Lobzang, se fit l'incarnation d'un simple Bodhisattva, tandis qu'il attribuait à son précepteur celle d'un Bouddha éternel, supérieur par conséquent à un Bodhisattva. Mais il ne faut pas oublier que Tchanrési est le patron attitré du Tibet : en s'identifiant avec lui, l'habile Dalaï-Lama bénéficiait donc de la popularité de ce divin personnage, et en même temps se créait une filiation spirituelle avec le premier souverain du pays qui justifiait ses prétentions au pouvoir royal. D'un autre côté, si nous nous souvenons que tous les livres sacrés de l'Inde qualifient le précepteur de « père spirituel » de son disciple, il devient tout naturel que Ngavang Lobzang ait fait de son précepteur l'incarnation d'Odpagmed, père spirituel de Tchanrési.

En conséquence de la doctrine de l'incarnation perpétuelle les Dalaï-Lamas, les Pantchen Rinpotchés et les autres Lamas incarnés ne meurent jamais. Quand le corps d'un Dalaï-Lama est usé par la maladie ou la vieillesse, le Dieu, dont l'esprit l'anime, quitte ce corps pour en chercher un autre plus valide, ou, autrement dit, se réincarne, dans un délai d'un à quatre ans, dans quelque jeune enfant qui révèle par des miracles sa nature divine, et se manifeste ainsi lui-même. Aussitôt informé de la réincarnation de Tchanrési le sacré collège des Khanpos envoie à la demeure des parents de l'enfant une commission chargée de le soumettre à une série d'épreuves, telles que, par exemple, reconnaître au milieu d'autres semblables les objets dont se servait de préférence le précédent Dalaï-Lama, et, s'il en sort victorieusement, on l'amène en grande pompe au palais pontifical où il reçoit une éducation en rapport avec le haut rang qu'il doit occuper. Les choses se passent naturellement de même lorsqu'il s'agit du Pantchen Rïnpotché ou de quelque autre Lama incarné ou Bouddha vivant.

Mais revenons à Ngavang Lobzang. Le don que lui avait fait Gouchi-khân du Tibet conquis par ses armes, constituait seulement une possession de fait, mais non de droit absolu et il pouvait craindre avec juste raison d'en être dépossédé soit par un soulèvement suscité par les intrigues du roi détrôné, soit par une intervention de son puissant voisin, l'empire chinois. Aussi s'empressa-t-il, au risque de compromettre l'indépendance du Tibet, d'envoyer une ambassade à l'empereur Taï-tsoung Oen-Hoang-ti, de la dynastie des Ta-thsing, qui le reconnut comme souverain spirituel et temporel du Tibet, à titre tributaire, et à la condition que désormais l'élection des Dalaï-Lamas fût confirmée par la cour de Pékin. De son côté Gouchi-khân reçut le titre de vice-roi avec la charge de l'administration politique du royaume (1642). Quelques années plus tard, en 1662, cette reconnaissance officielle fut confirmée de nouveau par l'empereur Khang-hi, après la répression de plusieurs révoltes qui nécessitèrent l'intervention des armées chinoises.

Ngavang Lobzang mourut en 1703. Sa mort fut tenue secrète pendant seize ans par le vice-roi d'alors qui mit à profit cet interrègne pour tenter de s'emparer de l'autorité souveraine. Mais ces faits, ayant été connus, provoquèrent l'intervention du chef mongol Lhazang-khàn, qui fit procéder à l'élection du sixième Dalaï Lama, bientôt déposé du reste pour cause d'indignité et d'irrégularités dans son élection, à la suite de la révolte fomentée, sous prétexte de restaurer la religion, par un chef de tribu nommé Tsé-Oang Arabdan. Ces désordres provoquèrent une nouvelle intervention de l'empereur Khang-hi qui fit procéder, sous la surveillance de son armée, à la proclamation et à l'intronisation définitive du sixième Dalaï-Lama.

En 1750 une nouvelle révolte contre l'autorité du Dalaï-Lama suscitée par le vice-roi Gyourmed Namgyal, rendit nécessaire l'intervention de l'empereur Kien-loung, à la suite de laquelle le titre et la fonction de vice-roi fut supprimée et le pays tout entier soumis à l'autorité absolue du Dalaï-Lama (1754), le gouvernement chinois se réservant toutefois un droit de surveillance et la direction des relations étrangères confiés à deux fonctionnaires chinois, revêtus par marque d'honneur du titre d'ambassadeurs.

A partir de ce moment l'autorité spirituelle

et temporelle des Dalaï-Lamas n'est plus discutée, et à part de petites révoltes sans importance ils exercent en paix leur double souveraineté sous le protectorat de la Chine ; mais cette tranquillité, ils la paient au prix de leur indépendance. Peu à peu le gouvernement chinois s'est immiscé davantage dans les affaires du Tibet et a exercé une pression de plus en plus marquée sur les élections des Dalaï-Lamas et des Pantchen Rïnpotchés, qui ne sont plus choisis que dans des familles sans influence locale et dévouées à la Chine. Sous couleur de leur marquer son profond respect, l'empereur leur a alloué un traitement annuel et ils finissent par ne plus être que des instruments dociles aux mains de la Chine, des fonctionnaires de l'Empire.

Je n'ai pas besoin, je pense, d'appeler votre attention sur les analogies frappantes qui existent entre les deux institutions de la Papauté catholique et du Pontificat des Dalaï-Lamas.

Comme le Pape, le Dalaï-Lama est un chef religieux dont les décisions et les ordres, au point de vue dogmatique et moral, sont ou doivent être acceptés sans discussion, aveuglément.

Il est infaillible en vertu de l'infaillibilité de l'Esprit divin dont il est le représentant, l'incarnation sur la terre.

Comme celle du Pape, sa juridiction religieuse s'étend au delà des frontières de son royaume, sur le Lādak, sur le Népàl, le Boutan, Sikhim, sur la Chine (à Pékin seulement il existe treize monastères du rite lamaïque), la Mongolie, en Sibérie sur les Bouriates, même en Russie sur les hordes Kirghises, et prétend à s'imposer universellement.

Il est investi d'un pouvoir Temporel de même que le Pape le fut longtemps, et enfin, autre ressemblance curieuse, c'est un conquérant vainqueur, Charlemagne, qui fonde le pouvoir temporel de la Papauté, ce sont deux conquérants Khoubilaï-Khân et, plus tard, Gouchi-Khân qui donnent le pouvoir temporel au Dalaï-Lama.

Il nous reste à dire un mot de la situation actuelle du Pontificat lamaïque, dont l'existence paraît menacée. Il circule au Tibet et en Mongolie des bruits persistants sur la cessation prochaine des réincarnations du Dalaï-Lama et sur la prochaine réincarnation du Pantchen Rïnpotché qui, contrairement à l'usage constant, aurait lieu en Mongolie. Ces bruits sont-ils l'écho de dissentiments entre le Dalaï-Lama et le Pantchen-Rïnpotché? Ont-ils pour point de départ l'ambition de ce dernier de se substituer au Dalaï? Sont-ils propagés par le parti tibétain hostile à la Chine, ou bien par le gouvernement chinois en quête d'un prétexte pour mettre plus complètement la main sur le Tibet ?

Pour ma part je pencherais volontiers pour la dernière hypothèse, car il semble que le gouvernement du Dalaï-Lama tende à se rapprocher des Européens au détriment de la Chine. J'en vois l'indice dans les affirmations répétées des hauts fonctionnaires tibétains à nos voyageurs de leur bonne volonté d'ouvrir toutes larges les frontières du pays aux étrangers, bonne volonté contrecarrée, disent-ils, par la politique intransigeante de la Chine, et plus encore dans ce fait inouï de l'envoi officiel à Saint-Pétersbourg d'un très haut fonctionnaire de la cour de Lhasa, ancien précepteur du Dalaï-Lama actuel, le Lharamba Tsanit Khanpo-Lama Agouan Dordji, chargé de faire une tournée pastorale chez les Bouriates de Sibérie et les Kirghises de la Russie méridionale. Cet envoyé a profité de sa mission pour faire en Europe un voyage pour son instruction personnelle, et sans doute aussi pour pouvoir au retour rendre compte à son gouvernement de ses impressions et de ses observations. Vous avez pu le voir à Paris et ici-même où il a célébré dans notre bibliothèque un office, le 26 juin de l'année dernière.

Et à ce propos permettez-moi de vous dire en finissant, que peut-être le Musée Guimet n'a pas été étranger à sa venue à Paris, car M. Agouan Dordji m'a dit que sa curiosité avait été éveillée par la lecture à Lhasa des rapports des prêtres japonais qui ont célébré au Musée deux offices bouddhistes en 1891 et en 1893.

CONFÉRENCE DU 11 FÉVRIER 1900

LA TRADITION HISTORIQUE ET LA MYTHOLOGIE DANS LES POÈMES ÉPIQUES DE L'INDE.

I

Le Ramayana.

Mesdames, Messieurs,

Au cours de nos causeries précédentes j'ai dû souvent citer à l'appui des opinions que j'exprimais des passages des livres sacrés de l'Inde, ou au moins y faire allusion, mais jusqu'à présent je n'ai pas eu l'occasion de vous les présenter.

J'ai donc pensé qu'il vous serait intéressant de faire une incursion rapide dans cette littérature indienne, si vaste, et surtout de feuilleter ceux de ses livres qui sont les plus populaires, le *Rāmāyana* et le *Mahābhārata*[1], qui remplissent dans l'Inde un rôle aussi important que celui que jouèrent dans la Grèce antique les merveilleux poèmes d'Homère, l'Iliade et l'Odyssée, avec lesquels ils ont d'ailleurs de si nombreuses analogies que certains auteurs estiment qu'ils s'en sont inspirés.

Ces deux ouvrages appartiennent à la classe des *Itihāsas*, livres poétiques religieux et édifiants composés à l'usage des femmes, des Çoūdras, des Hors-Castes pour qui ils remplacent les livres sacrés dont la lecture leur est interdite, et qui partagent ce caractère spécial avec les *Pourânas*. Les uns comme les autres traitent des légendes sacrées, seulement dans les premiers l'imagination tient une plus large place, se donne plus libre carrière ; de plus leur forme métrique se prête mieux que la prose à la récitation au cours des fêtes populaires et des veillées familiales, et a peut-être beaucoup contribué à leur extrême popularité.

---

[1]. Nous nous servons, pour nos citations de ces deux poèmes, de la traduction de M. Fauche, malgré ses défauts, parce que c'est la seule traduction française.

Mais ce ne sont pas seulement des livres de distraction. On leur reconnaît un caractère sacré et certains avantages (nous pourrions presque dire des indulgences) sont attachés à leur lecture, récitation et audition.

« Ce récit infailliblement assurera une longue vie, il donnera la renommée, il augmentera la force.

« Il sera délivré de ses péchés, l'homme qui lira cette vie de Rāma ; il en sera délivré, soit qu'il récite, lise ou médite cette narration si pure à entendre.

« Quiconque dira entièrement le Rāmāyana, sera exempt d'infortune, lui et sa maison, et son fils et le fils de son fils.

« L'homme qui, plein de foi, lit cette épopée au milieu des savants, obtient dans ce monde une protection universelle et, dans l'autre, son âme se fond dans l'Essence de Suprême Intelligence.

« On verra, s'ils ont lu ce poème, le Brāhmane s'élever à toute la supériorité de la parole, l'homme de caste militaire s'élever jusqu'à posséder le trône de la terre, le Vaiçyā ou l'homme de commerce s'élever à l'opulence par la fructification de ses marchandises, et le Çoūdra même, qui écoute cette lecture, s'élever sans aucun doute à la grandeur [1]. »

Une question se pose de prime abord : A quelle époque peut-on faire remonter la composition de ces poèmes? La solution de ce problème est difficile, pour ne pas dire impossible. Il n'est pas de savant orientaliste qui ne s'en soit occupé et n'ait émis une opinion plausible basée sur l'étude de leur langue, des faits, des prédictions qu'ils renferment, des localités ou leurs auteurs placent leurs divers épisodes, et, somme toute, de toutes ces hypothèses différentes un seul point se dégage à l'unanimité, c'est qu'il faut leur attribuer une antiquité antérieure à notre ère.

Ce qu'il y a de certain c'est que leur fond est très ancien; car ils développent des légendes esquissées pour la plupart dans les Védas et les Brāhmaṇas; mais, d'un autre côté, leur phraséologie et les idées philosophiques qu'ils émettent impliquent l'existence et la connaissance des théories des écoles Nyāya, Sānkhya, Yoga et même du Védānta, écoles dont nous ignorons, du reste, la date même approximative d'éclosion.

Max Müller cependant, d'après quelques allu-

---

[1]. Rāmāyana, introd. I, 103-107.

sions de Mégasthénès et de Néarque, croit pouvoir affirmer que le Mahābhārata était déjà populaire au temps d'Alexandre le Grand, c'est-à-dire au quatrième siècle avant notre ère.

Je crois que, sans nous compromettre, nous pouvons leur attribuer une date variant de 600 à 150 avant notre ère, cette dernière étant la date probable où ils ont été écrits, c'est-à-dire définitivement fixés dans la forme que nous connaissons, après avoir été transmis oralement pendant plusieurs siècles et avoir subi sans doute de nombreux remaniements et interpolations.

En général on considère le Rāmāyana, — aventures de Rāma, dieu fait homme et septième incarnation ou avatâr de Vichnou —, comme plus ancien que le Mahābhārata. Il y a cependant de bonnes raisons de le croire postérieur : son plan est mieux ordonné et plus suivi ; il renferme moins de longueurs et de redites ; il y a moins de rudesse sauvage dans le caractère de ses personnages, qui agissent et parlent davantage suivant les règles formulées par les écoles de philosophie ; enfin son action principale se passe dans le Dekkan et l'Inde du Sud, au lieu de l'Inde du nord et centrale qui fut longtemps la résidence des Âryas et où se déroulent exclusivement les événements qui font le sujet du Mahābhārata.

Il existe deux recensions du Rāmāyana, en sanscrit et en hindī, assez semblables quant au fond et ne différant guère que par la forme, attribuées la première à Valmiki, la seconde à Tulsi-Dās. Nous ne nous occuperons que de la première, la plus connue et la plus estimée des deux.

La plus grande incertitude règne sur l'époque et même sur la réalité de l'existence de ce Valmiki. L'*Introduction* du Rāmāyana, inconstestablement interpolée à une époque relativement moderne, le donne comme ayant été contemporain de Rāma, mais non témoin de ses hauts faits que lui révèle ou lui raconte le sage Nārada. Ceci seul suffirait à nous faire tenir Valmiki pour un personnage entièrement mythique, si l'unité parfaite de l'action et du style ne forçait à supposer l'existence d'un seul et même auteur. Admettons donc, si vous le voulez bien, que notre auteur se nommait Valmiki, ou si vous le préférez qu'on a attribué ce nom à l'auteur inconnu de Rāmāyana.

Le Rāmāyana au point de vue historique. — Si vous me posez cette question : y a-t-il quelque chose d'historique dans le Rāmāyana? Je suis obligé de vous répondre: non. Il n'y a rien ou presque rien dans ce poème que nous puissions tenir pour historique, à part peut-être une vague tradition relative à la conquête ou à une tentative de conquête de l'Inde du Sud et de Ceylan, que rien d'ailleurs ne vient confirmer, et la généalogie, probablement mythique, de la race royale d'Ikchvakou. Rāma, son père Daçarātha, Bharata et les autres personnages mis en scène n'ont rien de réel ; ce sont des figures idéales, personnifications d'idées, de vertus et de vices que l'auteur veut glorifier ou stigmatiser. Il serait profondément dangereux de vouloir voir dans les singes et les ours alliés de Rāma les anciens peuples anàryens de l'Inde méridionale, et dans Rāvana et ses Rākchasas autre chose que les démons ennemis des Dieux et des Saints, et perturbateurs du sacrifice, que nous ont fait connaître les Védas et autres livres sacrés, bien que quelques auteurs aient cru découvrir en eux les ancêtres des Veddas de Ceylan. En somme nous devons considérer ce poème comme une œuvre purement mythique et sectaire composée dans le but de raconter et de glorifier l'incarnation de Vichnou en Rāma-Tchandra pour la destruction des démons Rākchasas.

Mais, par contre, il est plein de renseignements importants et intéressants, pris on peut dire sur le vif, en ce qui concerne les mœurs et les usages de l'Inde antique. Tels, par exemple, la description de la grande ville d'Ayodhyā, en deuil au départ de Rāma, en fête pour son couronnement ; le cérémonial et l'étiquette des cours ; le cérémonial du sacre où nous relevons « l'onction d'eau des quatre mers » comme symbole de la souveraineté universelle du monarque; la cérémonie du mariage ; quelques détails sur la vie des ascètes dans leurs ermitages et la puissance surnaturelle qu'on leur prête, mais qui cependant ne suffit pas à les mettre à l'abri des attaques des démons; sur la préparation et la célébration des sacrifices : l'*Açvamédha*, ou sacrifice du cheval, de Daçarātha en vue d'obtenir un héritier, le sacrifice du sage Viçvamitra; sur les cérémonies funèbres : funérailles de Daçarātha, de Bāli, roi des singes, et de Rāvana ; enfin sur l'ordalie du feu à laquelle Sītā se soumet afin d'attester sa fidélité conjugale et sa pureté.

La Mythologie dans le Rāmāyana. — Si le Rāmāyana nous paraît pauvre en données historiques, il a, par contre, une importance extrême au point de vue de la mythologie, car il renferme presque toutes les légendes et les mythes relatifs à Vichnou, à Çiva et à Indra, que développeront plus tard les Pourânas.

C'est tout d'abord l'apparition de Vichnou dans l'Açvamédha de Daçaratha, où se révèle la nature ignée plutôt que solaire de ce Dieu :

« Voici que tout à coup, sortant du feu sacré, apparaît devant ses yeux un grand Etre d'une splendeur admirable et tout pareil au brasier allumé ».

Puis c'est la légende de l'incarnation de Vichnou en nain et des trois pas par lesquels il prend possession du monde, racontée à Rāma par Viçvamitra, et celle de son incarnation en Paraçou-Rāma qui, contemporain de Rāma-Tchandra, se mesure avec lui et vaincu, lui brāhmane, s'incline devant le kchatrīya victorieux en qui il reconnaît une incarnation supérieure à lui-même.

C'est le récit du mariage de Çiva avec Oumā, fille de l'Himālaya, et de la terreur que cause aux dieux l'intensité de ferveur des deux époux, craintes que Çiva calme en promettant que son mariage restera stérile.

C'est enfin la légende de la mort des soixante mille fils de Sagara, réduits en cendre par un regard irrité du sage Nārada, et de la descente du ciel du Gange afin d'aller dans le Naraka laver leurs cendres et leur permettre ainsi de se rendre dans la région des Pitris.

Indra, fréquemment mis en scène dans notre poème, n'y paraît guère à son avantage : ou bien il remplit des rôles secondaires, ou il se met en position fâcheuse, comme par exemple lorsqu'il séduit Ahalyā, femme du sage Gotama, et qu'il paye cet exploit, qui rappelle la fable de Jupiter et d'Alcmène, par la perte de sa virilité.

Bien qu'on lui donne les noms de Créateur, d'Aïeul des êtres, etc., Brahmā lui-même occupe une place tout à fait secondaire à côté de Vichnou et de Çiva, sans cependant qu'on le dise encore une simple émanation de l'un ou l'autre de ces dieux.

La classe d'êtres que le Rāmāyana nous décrit avec le plus de complaisance et le plus de détails variés, c'est celle des Rākchasas, sans pourtant que ses descriptions nous permettent de déterminer la nature réelle qu'on leur attribuait alors. Ce sont évidemment des démons, car ils ont un aspect effroyable ou repoussant, prennent à volonté toutes sortes de formes, humaines ou animales, errent pendant la nuit, sont toujours malfaisants, se nourrissent de chair, dévorent les hommes, se plaisent à mettre obstacle au sacrifice, à le souiller. Et cependant ils sont pieux, se livrent à des austérités religieuses par lesquelles ils gagnent leur puissance surnaturelle, et sacrifient ; on est en droit de se demander à qui ? Il semble qu'ils sacrifient pour le plaisir de sacrifier, pour le sacrifice lui-même, sans le dédier à aucune divinité, et pour les avantages que procure cet acte.

Leur roi, Rāvana, est représenté comme un géant effroyable, au teint bleu, avec dix têtes et vingt bras. Il est méchant, cruel, se livre sans retenue à la satisfaction de ses passions, sa puissance est immense, son aspect remplit de terreur tous les êtres et l'univers matériel lui-même :

« Là où se tient Rāvana, la peur empêche le soleil d'échauffer, le vent craint de souffler, et le feu n'ose pas flamboyer. A son aspect, la guirlande même des grands flots tremble au sein de la mer. »

Il a dévoré des Saints, et une foule d'Apsaras ; il a combattu à forces égales avec Indra, le roi des Dieux, et vaincu Kouvéra, le Dieu des richesses, qui a dû lui céder l'île de Lankâ (Ceylan) ; et malgré tout il a su acquérir des mérites religieux :

« Longtemps il s'est imposé la plus austère pénitence et par elle s'est rendu agréable au suprême Aïeul des créatures. Aussi le distributeur ineffable des grâces lui a-t-il accordé ce don insigne d'être invulnérable à tous les êtres, l'homme seul excepté. »

Par instants, Rāvana semble pouvoir être assimilé au nuage, comme Ahi et Vritra, les éternels ennemis d'Indra ; mais le moment d'après il est brillant comme le soleil, où bien paraît avoir la nature dévorante du feu. Ni lui, ni les Rākchasas, ses sujets, ne paraissent pouvoir s'expliquer, selon la théorie la plus courante, comme des phénomènes naturels, mais plutôt avoir le caractère que le Véda attribue aux éléments inertes du sacrifice. Ils rappellent les Asouras, ces Dieux manqués qui n'ont pu devenir immortels, faute d'avoir bu l'Amrita.

De même aussi les singes et les ours, alliés de Rāma, leurs princes, Hanoumān, fils du Vent, Bāli, Sougriva, Djambavat, se refusent à toute interprétation naturaliste. Ce ne sont pas des animaux, ni des hommes transformés, et leur polymorphisme volontaire les rapproche de la classe des génies bienveillants. Eux également se présentent comme des personnifications mythiques, jusqu'à présent indéterminées.

En sa qualité de héros du poème, Rāma est naturellement dépeint avec une plus grande précision, et il est à remarquer que son caractère ne se dément pas une seconde. C'est même une des raisons qui militent en faveur de l'opinion à peu près unanime que le Rāmāyana est l'œuvre d'un seul auteur et non une compilation de plusieurs rhapsodes.

Dès le début, sa nature divine est nettement indiquée. En même temps que le roi Daçarātha célèbre un açvamédha solennel dans le but d'obtenir des enfants mâles, nous voyons les Dieux assemblés supplier Vichnou de s'incarner en homme pour délivrer le monde de la tyrannie de Rāvana, qu'une faveur inconsidérée de Brahmā rend invincible et invulnérable pour les Dieux. Rāma est donc bien le Dieu fait homme par excellence ; mais comme il faut que la nature humaine domine en lui afin qu'il puisse remplir sa mission, rien de surhumain ne se révèle en lui que sa force corporelle, sa bonté, sa véracité, son respect du devoir, de la justice et de la parole donnée. Il est le devoir incarné, mais le devoir humain. Comme un homme, il est susceptible de fatigue, de faim, de soif, d'indécision, de doute, de découragement ; il n'est à l'abri ni des blessures ni même de la mort. Enfin il s'ignore lui-même, et ce n'est que presque à la fin du poème, au moment où il se laisse terrasser par le découragement, que Brahmā lui révèle qui il est dans un passage d'une beauté sublime :

« Ensuite le plus éminent des Immortels et le plus savant des esprits savants, le saint Créateur de l'univers entier, étendit un long bras, dont sa main était la digne parure, et dit au Raghouide, qui se tenait devant lui, ses deux mains réunies en coupe :

« Comment peux-tu voir avec indifférence que Sītā se jette dans le feu d'un bûcher ?

« Comment, ô le plus grand des plus grands Dieux, ne te reconnais-tu pas toi-même ? Quoi ! c'est toi qui as un doute sur la chaste Vidéhaine, comme un époux vulgaire ? »

« A ces mots du roi des Immortels, le Raghouide, souverain du monde, joignant ses deux mains aux tempes, répondit au plus éminent des Dieux :

« Je suis, il me semble, un simple enfant de Manou, Rāma, fils du roi Daçarātha. S'il en est d'une autre manière, daigne alors ton Excellence me dire qui je suis et d'où je proviens. »

« Au Kakoutsthide qui parlait ainsi : « Ecoute la vérité, Kakoutsthide, ô toi, de qui la force ne s'est jamais démentie ! répondit l'Etre à la splendeur infinie, existant par lui-même.

« Ton Excellence est Nārāyana, ce Dieu auguste et fortuné, de qui l'arme est le tchakra. Ton arc est celui qu'on appelle Çārnga : tu es Hrichikéça; tu es l'homme, le plus grand des hommes.

« Tu es l'invincible, tu es Vichnou, qui porte la conque, tu es Krichña même, l'éternel ; tu es l'unicorne, tu es le sanglier, tu es celui qui a été et qui sera, tu es le vainqueur des ennemis.

« L'impérissable vérité des Saintes Ecritures est dans toi, Raghonide, au milieu et à la fin ; tu es le devoir le plus haut des mondes ; tu es Viçvakséna, le Dieu aux quatre bras.

« Tu es le chef de la guerre et le chef de la paix ; tu es l'intelligence, la pensée, la patience, la répression des sens ; tu es l'origine de tout et tu n'as pas de fin ; tu es Oupéndra, le meurtrier de Madhou.

« C'est toi qui fais l'œuvre d'Indra, et tu es le grand Indra lui-même ; c'est de ton nombril que sortit ce lotus où Brahmā naquit pour créer les mondes ; c'est toi qui mets fin aux guerres ; c'est de toi, secourable, que les savants richis des Dieux ont sollicité le secours.

« Tu es la corne du Rig et celle du Sāma, tu es l'âme du Véda même, tu es, fléau des ennemis, Çatadjit l'épouvantable ; tu es le sacrifice, tu es le Vachat personnifié, tu es l'ineffable Aumkāra.

« Tu es la demeure de la vérité, tu es Vasou, tu étais avant les Vasous ; tu es Pradjāpati ; tu es le créateur des trois mondes et des autres ; tu es Svayambhou.

« Tu es le huitième des Roudras, tu es Roudra lui-même ; tu es le cinquième des Sādhyas ; les deux Açvins sont tes oreilles ; le soleil et la lune sont tes yeux.

« On te voit, fléau des ennemis, au commencement et à la fin des mondes ; mais on ne connaît de toi ni le commencement ni la fin. — Quelle est son essence ? se dit-on.

« On te voit dans tous les êtres, dans les troupeaux, dans les brāhmanes, dans le ciel, dans tous les points de l'espace, dans les mers et dans les montagnes !

« Dieu fortuné, aux mille pieds, aux cent têtes, aux mille yeux, tu portes les créatures, la terre et ses montagnes.

« C'est toi qu'on voit dans la terre, comme la fin ; dans les eaux, comme un grand serpent ; c'est toi, Rāma, qui soutiens les trois mondes, les hommes, les Pannagas, les Dieux !

« Ton cœur, c'est moi ; ta langue, c'est la déesse Sarasvatī ; les Dieux sont tes poils que ta Māyā fit pousser sur tes membres.

« Que tu fermes les yeux, on dit que c'est la nuit ; si tu les ouvres, on dit que c'est le jour. Les

Dieux étaient dans ta pensée, et rien de ce qui est n'est sans toi.

« Le monde entier est ton corps ; le sol de la terre, c'est ta fixité ; le feu est ta colère ; ta sérénité, c'est la lune ; ton signe est le *çrīvatsa*.

« Tu parcourus jadis les trois mondes en trois pas, ce jour que tu fis roi le grand Indra et que tu enchaînas Bāli, ce puissant Asoura.

« On dit que la lumière fut avant les mondes ; on dit que la nuit fut avant la lumière ; mais ce qui fut avant ce qui était avant tout, on raconte que c'est toi, l'Âme suprême.

« On te célèbre en tous lieux comme le Dieu qui est le plus haut et qui porte le nom le plus élevé ; on dit que tu es la voie suprême de la naissance, de la durée et de la mort.

« Sītā elle-même est Lakchmī, et ton Excellence auguste est Vichnou, le Dieu armé du Tchakra ; c'est pour la mort de Rāvana que tu es entré ici-bas dans un corps humain [1] » !

Son amour filial et son respect pour son père, même au moment où par la plus criante injustice il le prive du trône et l'envoie en exil ; sa tendresse pour sa mère, son respect pour sa belle-mère,

---

1. *Youddhakanda*, 30.

Kékéyī, en dépit de tout le mal qu'elle lui fait, son respect de la parole donnée par son père qui le décide à accomplir jusqu'au bout sa période d'exil en dépit des supplications de tous les siens, tout cela est trop beau peut-être pour la nature de l'homme, mais c'est, en somme, des sentiments humains, l'idéal de vertu que les Indiens demandent à leurs héros. Rāma reste homme pendant toute sa carrière jusqu'au moment où il remonte au céleste séjour de Vaikountha, après la mort de Sītā et de Lakchmana.

Mais où la mythologie reprend ses droits, c'est dans les combats fabuleux qu'il livre aux Rākchasas, à Bāli, à Rāvana ; ses exploits sont analogues à ceux de Vichnou et d'Indra contre Ahi, Vritra, Piprou et autres démons védiques; à les lire, on croirait lire les hymnes héroïques du Rig-Véda.

De même aussi le mythe perce dans son mariage avec Sītā, incarnation de Lakchmī, née d'un sillon tracé par la charrue de Djanaka, roi du Vidéha, malgré le soin de l'auteur du Rāmāyana de lui donner toutes les qualités de la femme et même quelques-unes de ses faiblesses. Sītā est le type idéal de la femme indienne, de même que Rāma est celui du guerrier et du roi, en un mot du

Kchatrīya ; mais sous l'apparence humaine qu'on leur donne se retrouvent les traits habituels des personnifications védiques des éléments mâles e^t femelles du sacrifice.

En résumé, le Rāmāyana est un ouvrage tout mythologique composé dans le but unique d'exalter Vichnou en tant que Dieu suprême et Âme universelle. C'est un des premiers monuments, et peut-être le plus parfait du Brāhmanisme sectaire ou Indouisme.

CONFÉRENCE DU 11 MARS 1900

LA TRADITION HISTORIQUE ET LA MYTHOLOGIE DANS LES POÈMES ÉPIQUES DE L'INDE.

II

Le Mahâbhârata.

Mesdames, Messieurs,

Nous ne reviendrons pas sur ce qui a été dit dans la causerie précédente au sujet de la nature des Itihāsas, ou poèmes héroïques légendaires, plus religieux que profanes, œuvres d'édification destinées à remplacer les écritures sacrées pour les classes inférieures de la société indienne exclues de leur connaissance; mais n'oublions pas que parmi ces déshérités se trouvaient les femmes même des castes supérieures.

Les Indous considèrent le Mahābhārata comme le type le plus parfait de l'Itihāsa, surtout en ce qui concerne la composition et la disposition des matières. En tout cas c'est le plus considérable des poèmes épiques connus, laissant bien loin derrière lui, à ce point de vue, l'Iliade, même complétée par l'Odyssée ; car il se compose de 220,000 vers, répartis en 18 *Parvas*, ou chapitres, dont les titres indiquent le sujet principal et l'idée générale.

Livre sacré, comme le Rāmāyana, divinement révélé pourrait-on dire, — car on en attribue la paternité à un de ces êtres d'origine divine, descendant direct de quelque Dieu, que l'on nomme un Richi, — c'est à la fois un traité de mythologie et d'édification morale, fait bien évidemment pour suppléer les livres exclusivement liturgiques et métaphysiques interdits aux profanes, c'est-à-dire aux classes de la société qui, exclues de l'initiation, ne peuvent bénéficier des effets salutaires de la loi révélée.

Ce caractère sacré l'auteur même du Mahābhārata l'affirme dans son introduction (*Adi-parva*) en qualifiant son œuvre de *Pourāna* « tradition ancienne »; et de fait le Mahābhārata, par sa composition, rentre bien dans le cadre des Pourānas, à l'exclusion du récit habituel de la création de l'univers, de sa destruction et de sa rénovation, sujets auxquels il n'est fait que de furtives allusions. Etant donné les sujets multiples qu'il effleure, et qui souvent n'ont aucun rapport avec l'action, amenés qu'ils sont par une question de l'auditeur du barde sacré, il constitue une encyclopédie de mythologie, d'histoire légendaire, de philosophie et de métaphysique, plutôt qu'un poème dans le sens où nous avons l'habitude de prendre ce terme.

Si nous pouvions avoir le moindre doute sur le caractère éminemment religieux de cet ouvrage, il serait dissipé par l'énumération que fait son auteur des avantages spirituels et matériels que procure sa lecture, voire même sa simple audition ;

« Ce poème va de pair avec les Védas ; il est purificateur, il est sublime ; c'est la première des choses auxquelles on doit prêter l'oreille ; c'est un *Pōurāna* loué des Richis.

« Dans cette sainte histoire sont enseignées les règles de l'intérêt et de l'amour; c'est l'intelligence portée à sa plus haute élévation.

« Le savant qui lit ce poème à des hommes

qui ne sont ni vils, ni athées, mais adonnés à l'aumône et voués à la vérité, obtiendra les biens en récompense.

« Sans nul doute, il suffit au plus grand scélérat d'écouter ce récit pour qu'il soit lavé de son crime aussitôt, eut-il fait périr le fruit contenu dans le sein d'une mère ;

« Il est délivré de ses péchés, comme la lune des étreintes de Râhou[1]. Le guerrier qui désire la victoire doit écouter ce poème, nommé le victorieux.

« Par lui, un roi subjuguera la terre ; par lui, il domptera ses ennemis ; c'est l'initiation la plus sainte ; c'est la grande voie du salut.

« Il faut lire ce poème à un prince héréditaire, et à sa royale épouse : il donne la vertu de concevoir un fils héroïque ou une fille qui porte un jour elle-même le spectre avec son époux.

« Cette œuvre de Vyāsa, à l'intelligence sans mesure, est un saint traité du devoir ; c'est un sublime traité de l'intérêt ; c'est un pieux traité de la délivrance.

« Vyāsa dit ce poème aujourd'hui, d'autres le diront après lui ; par ce poème on a des fils respectueux et des serviteurs complaisants.

---

1. Démon des éclipses.

« Entend-il ce poème, un homme est aussitôt délivré de toutes ses fautes commises en paroles, en pensées, dans le corps et l'esprit.

« Ceux qui écoutent la haute naissance des Bhâratides n'ont pas à craindre ici-bas les maladies; à plus forte raison les peines de l'autre monde !

« Il donne la richesse, la renommée, une longue vie, la vertu et le ciel même, ce poème œuvre de Krichna Dvaîpâyana, qui désira faire une œuvre sainte [1]. »

Il est aussi impossible de fixer une date à la composition du Mahābhārata qu'à celle du Rāmāyana. On le tient généralement comme moins ancien, bien qu'on puisse faire valoir un certain nombre d'arguments à l'appui de sa priorité : témoignages de Mégasthénès et de Néarque constatant qu'il était déjà populaire lors de la venue d'Alexandre le Grand dans l'Inde; certaine rudesse qui fait penser aux œuvres primitives ; grandeur sauvage de ses héros qui n'existe pas dans le Rāmāyana : ils agissent en hommes primitifs, plus abandonnés à leurs passions violentes, amour, haine, vengeance, colère, que

1. *Adi-parva*.

Rāma et les personnages qui l'entourent, ils sont plus naturels; ils sortent davantage du moule conventionnel du héros religieux de la tradition. Enfin, sans entrer dans la discussion de son style, qui nous entraînerait trop loin, nous pouvons constater que tous ses récits ont essentiellement le caractère védique; bien plus, que toutes ses légendes sont tirées des Védas ou des Brāhmanas, qu'elles développent des mythes traditionnels auxquels ces derniers ouvrages font la plupart du temps de simples allusions, sans doute parce qu'ils étaient alors universellement connus.

Le Mahābhārata paraît avoir été la source de la plupart des poèmes et des drames plus récents, voire même des Pourânas, en faisant toutes réserves au sujet des antiques Pourânas, aujourd'hui perdus, dont les Indous affirment l'existence.

Ainsi, par exemple, l'histoire de Rāma y est contée sous une forme beaucoup plus concise et plus primitive que dans le Rāmāyana : Rāma y est plus homme et moins Dieu.

Il en est de même de la célèbre légende de Çakountalā, immortalisée par le drame de Kalidāsa, et le fils de Çakountalā, Bharata nous est présenté comme le fondateur de la dynastie lunaire et l'aïeul des héros de Mahābhārata, les cinq Pāṇḍavas et les cent Kauravas.

Enfin presque toutes les légendes des Pourànas se retrouvent plus simples et moins développées dans le Mahābhārata.

Si le fond du Mahābhārata est très ancien, on ne peut pas en dire autant de sa forme. Il est probable qu'il s'est longtemps transmis oralement, comme presque tous les livres religieux ou scientifiques dans l'Inde, comme les poèmes d'Homère avec lesquels il a une ressemblance si frappante, et qu'il a été modifié à différentes époques dans sa forme littéraire et même dans son fond par de nombreuses additions, au nombre desquelles il faut ranger peut-être tout ce qui a rapport à Krichna, et à coup sûr l'épisode mystique de la *Bhāgavad-Gītā* ou « Chant du Bienheureux ». Ces faits sont reconnus par la plupart des indianistes européens, notamment Weber et Sir Monier Williams, et même, Lassen croit pouvoir reconnaître trois arrangements successifs. Son manque d'unité, les redites dont il fourmille, ses contradictions fréquentes semblent indiquer qu'il a été l'œuvre de plusieurs bardes, et la tradition indienne le reconnaît implicitement en lui donnant pour auteur Krichna Dvaîpâyana Vyâsa, auquel elle attribue également la compilation des Védas et la paternité des Pourànas.

Ce Vyâsa (*Vyâsa* signifie « arrangeur ») était, dit-on, le fils illégitime du Richi Parâçara et de Satyavatī, fille d'Ouparitchara, roi du Tchédi, et de l'apsaras Adrikā. Le Mahābhārata même le présente comme l'ancêtre des héros du drame, le met lui-même en scène plusieurs fois, et lui fait enseigner son œuvre à son disciple Vaiçampâyana, qui la récite à son tour à Djanamédjaya, arrière-petit-fils d'Ardjouna.

Le Mahābhārata a pour sujet la rivalité des Kauravas, fils de Dhritarāchtra, et des Pāṇḍavas, fils de Pāṇḍou, pour la possession de la souveraineté sur l'univers entier, sujet développé avec une copieuse addition de légendes, qui lui sont souvent étrangères amenées par une allusion quelconque ou par la citation d'un nom, dans dix-huit chapitres, ou *Parvas*, dénommés :

1. *Adi-parva*, « Introduction » ;
2. *Sabhā-parva*. « Chapitre de l'assemblée » ;
3. *Vana-parva*. « Chapitre de la forêt » ;
4. *Virāta-parva*. « Chapitre de Virāta », relatant les aventures des Pāṇḍavas à la cour de ce roi » ;
5. *Udyoga-parva*. « Chapitre de l'effort » ;

6. *Bhichma-parva.* « Chapitre des exploits de Bhichma » ;

7. *Drona-parva.* « Chapitre des exploits de Drona » ;

8. *Karna-parva.* « Chapitre de la mort de Drona » ;

9. *Çalya-parva.* « Chapitre des exploits de Çalya » ;

10. *Sauptika-parva.* « Livre nocturne » ;

11. *Stri-parva.* « Livre des lamentations des femmes » ;

12. *Sānti-parva.* « Livre de consolation » ;

13. *Anusāsana-parva.* « Livre des préceptes » ;

14. *Açvamédha-parva.* « Chapitre de l'Açvamédha d'Youdhichthira » ;

15. *Açrama-parva.* « Chapitre de l'ermitage » ;

16. *Mausala-parva.* « Livre des massues » ;

17. *Mahaprasthamika-parva.* « Chapitre du grand voyage » ;

18. *Svargārohana-parva.* « Chapitre de l'ascension au Ciel ».

Dans ces dix-huit chapitres, après un exposé des généalogies divines, il raconte la naissance et l'histoire de Dhritarāchtra et de Pāṇḍou, la jalousie des cent fils de Dhritarāchtra contre les cinq fils de Pāṇḍou et leurs tentatives criminelles pour les faire périr, la fuite des Pāṇḍavas dans la forêt, leur mariage avec Krichnā Draupadī, leur retour et le partage du royaume entre eux et les Kauravas ; puis les nouvelles embûches des Kauravas, la partie de dés pipés où Youdhichthira perd son royaume, sa liberté, celle de ses frères et de leur femme commune Draupadī, l'exil de quatorze années des Pāṇḍavas, le voyage d'Ardjouna au Kailāsa et au Svarga, la grande guerre qui se termine par la mort des cent Kauravas, le règne glorieux d'Youdhichthira, son abdication, le départ des Pāṇḍavas et de Draupadī pour le Svarga, et enfin leur réception au paradis d'Indra.

La part de l'histoire est bien faible dans tous ces récits, plus faible encore, à ce qu'il semble, que dans le Rāmāyana. On ne peut accorder aucune créance historique aux généalogies plus ou moins divines des héros et des rois ; tous font l'effet d'êtres mythiques, phénomènes solaires, astronomiques, atmosphériques, forces de la nature, éléments du sacrifice, et s'il est possible (la mémoire indienne est prodigieuse) que la tradition populaire ait gardé quelque vague souvenir d'une grande lutte entre deux dynasties rivales des temps primitifs, la manière dont cette guerre est présentée fait songer plutôt à une lutte mythique entre la Justice et le Devoir personnifiés par les Pāṇḍavas, et l'Injustice, la Violence, la Passion sans frein représentées par les Kauravas qu'à un événement historique.

De même aussi les descriptions de lieux sont moins caractéristiques que dans e Rāmāyana ; on voit que ce ne sont que des accessoires, des enjolivements auxquels le ou les auteurs du Mahābhārata n'attachent qu'une importance très secondaire. Cependant, au point de vue des mœurs et des usages on trouve dans le Mahābhārata des renseignements très intéressants, notamment sur le mariage et les funérailles.

Ainsi, dès le début, nous relevons un fait en contradiction formelle avec les prescriptions de Manou et de tous les Dharma-Çāstras : Çalya, roi de Madra, exigeant un cadeau de noces pour accorder à Pāṇḍou la main de sa sœur Madrī. Le passage est assez important pour être cité in-extenso :

« Le rejeton de Kourou, Bhīchma, répondit au roi de Madra : — Sache, dompteur des ennemis, que je suis venu te demander une jeune fille en mariage.

« J'ai ouï parler de l'illustre et vertueuse Madrī, sœur de ta Majesté ; je te demande sa noble main pour Pāṇḍou. »

..............................,..................

« Après ces paroles de Bhīchma, le roi de Madra lui fit cette réponse : — Certes! il n'existe pas au monde un autre époux que je doive préférer ; tel est mon sentiment.

« Je ne puis rien transgresser des usages que les meilleurs des rois, mes devanciers, ont bien ou mal établis dans cette famille.

« Assurément tu ne les ignores pas, on n'en peut douter; il n'est donc pas inconvenant que je te dise, ô le plus vertueux des princes : Donne un présent de noces. »

....

« Bhīchma, le souverain des hommes, parla en ces termes au roi de Madra : — C'est une loi première, sortie de la bouche Svayambhou lui-même.

« Tu ne pèches en rien ici ; c'est une disposition établie par tes aïeux : la borne qu'ils ont dressée pour toi, Çalya, n'est pas mal vue des Sages. »

« A ces mots, le resplendissant fils du Gange donne par milliers à Çalya de l'or brut et travaillé, différentes sortes de pierreries; il fut magnifique en présents de chars, de chevaux, d'éléphants, de vêtements, de parures, de joyaux, de perles et de corail.

« Quand il eut reçu toutes ces richesses, Çalya,

l'âme contente, donna splendidement parée sa sœur au prince des Kourouides. »

Notre poème nous donne également trois descriptions intéressantes de *Svayamvaras*, ces cérémonies, sortes de tournois, où les plus vaillants guerriers se disputaient la main d'une jeune princesse ; ceux de Kountī, de Draupadī et de Damayantī. Voici la description du Svayamvara de Kountī, première femme du roi Pāṇḍou :

« Certains rois demandèrent la main de cette illustre vierge, riche de jeunesse et de beauté, possédant au plus haut degré les qualités de la femme.

« Mais la princesse fut donnée par le roi Kountibhodja, son père, dans un Svayamvara où furent invités les monarques des hommes, ô le plus vertueux des rois.

« L'intelligente fille remarqua Pāṇḍou, le souverain des souverains, le plus vertueux des Bharatides, assis sur l'amphithéâtre au milieu des princes ;

« Pāṇḍou à la vaste poitrine, à la grande force, aux yeux de taureau, à la fierté de Lion, effaçant comme le soleil les splendeurs de tous les rois.

« A la vue de Pāṇḍou, le plus excellent des hommes, qui se tenait sur l'amphithéâtre dans l'assemblée des rois comme un second Indra, la belle et charmante fille de Kountibhodja sentit se troubler son cœur.

« Alors Kountī, l'âme pour la première fois agitée, tout le corps enveloppé d'amour, suspendit, en rougissant de pudeur, sa guirlande sur l'épaule du roi.

« Dès qu'ils virent Pāṇḍou honoré par le choix de Kountī, les rois s'en allèrent tous, comme ils étaient venus, sur des chevaux, des éléphants ou des chars. »

Ici, il n'y a point de lutte entre les rivaux ; c'est la jeune fille qui fait librement son choix parmi les prétendants à sa main. Le Svayamvara de Draupadī nous montre qu'elle pouvait même avoir la liberté de refuser le vainqueur de la joute : — Au moment où Karna met la corde à son arc et va tirer, Draupadī s'écrie : Je ne choisirai pas le fils du cocher pour mon époux! — Ce droit de la femme est encore plus nettement affirmé dans le récit épisodique du Svayamvara de Damayantî, qui choisit Nala, qu'elle aimait déjà, bien qu'il eut été vaincu par Indra, Vāyou, Varouṇa et Yama.

Le Mahābhārata nous offre plusieurs exemples d'enlèvement, entre autres celui de Soubhadrā, sœur de Krichna, par Ardjouna, avec, il est vrai le consentement et la complicité de Krichna, et le rapt est déclaré non seulement légal, mais même méritoire pour les Kchatrīyas. Il nous fournit aussi un cas de mariage Gandharva, c'est-à-dire par consentement mutuel et sans formalités ni cérémonies, dans l'union du roi Douchmanta et de Çakountalā.

C'est aussi dans ce poème que nous trouvons le premier et peut-être le seul exemple de *Polyandrie* dans le mariage de Draupadî avec les cinq Pāṇḍavas ; mais en même temps il nous donne la preuve que ce genre d'union était inusité et réprouvé, par le soin que met son auteur à l'expliquer par une méprise de Kountī, dont l'avis une fois énoncé ne pouvait plus être révoqué, et par les raisons alambiquées et embarrassées au moyen desquelles Krichna Dvaīpāyana, consulté, s'efforce de le justifier.

« On accorde, objecta le père de Krichnā (autre nom de Draupadī), plusieurs épouses à un seul époux ; mais on ne voit nulle part, rejeton de Kourou, une femme avoir plusieurs maris.

« Ne veuille pas faire, toi, fils de Kountī, qui es vertueux et qui sais le devoir, une chose contraire au devoir et que réprouve la science du monde ! D'où te vient une pareille idée ? »

C'est alors qu'intervient Krichna Dvaīpāyana, qui répond en faisant allusion à la légende des cinq Indras déchus :

« Ces héros nés de Pāṇḍou furent donc autrefois des Indras, Sire ; et cette Draupadī, à la beauté céleste, qui fut destinée jadis à devenir leur épouse, est Lakchmī elle-même. »

Nous rencontrons, naturellement, dans ce poème d'assez fréquentes allusions à des cérémonies publiques et à des sacrifices, entre autres la cérémonie solennelle du sacre, ou *Rādjasouya*, de Youddichthira, l'aîné des Pāṇḍavas. Des invités en grande foule, brāhmanes, princes, rois, parmi lesquels figure Krichna, assistent à cette imposante solennité, dont les Çoūdras sont soigneusement exclus. Après les purifications d'usage Youddichthira consacre successivement cinq autels chargés d'offrandes de toutes sortes, fait ensuite une offrande de Soma au feu sacré, et, après qu'il a reçu l'onction d'eau des quatre mers, la cérémonie finit par des largesses aux brāhmanes.

Une autre description intéressante, quoique épisodique, est celle du sacrifice magique pour la destruction des serpents, célébré par le roi Djanamédjaya pour venger la mort de son père Parikchit, tué par le prince Nāga Takchaka :

« Alors ces Ritouidjs, ô le plus distingué des brāhmanes, firent mesurer conformément aux Çāstras la place où devait être l'autel du sacrifice.

« Après que les brāhmanes savants, qui avaient dépassé les bornes de l'intelligence, eurent exactement mesuré suivant les rites l'enceinte désirée pour le sacrifice, bien servie de Ritouidjs, peuplée de troupes de brāhmanes, riche de grains, d'or, de joyaux, attirant vers elle les désirs et pourvue d'une suprême abondance, ils se mirent à initier le roi même pour le bon succès du sacrifice des serpents.

....

Alors commence la cérémonie suivant les règles du sacrifice des serpents. Les prêtres officiants circulent à la ronde conformément aux rubriques, chacun dans l'exercice de ses fonctions.

« Couverts de vêtements noirs, les yeux couleur de fumée, ils versent l'oblation dans le feu allumé avec les formules consacrées des prières.

« Ils prononcent le sacrifice de tous les serpents qu'ils dévouent à la bouche du feu ; et le tremblement d'agiter les cœurs de tous les serpents.

« Aussitôt, en dépit de toute résistance, on voit tomber dans les flammes du feu des serpents qui s'appellent d'une voix pitoyable les uns les autres. »

La Mythologie dans le Mahābhārata. — Très abondante, la Mythologie se présente ici d'une façon toute particulière, c'est-à-dire sous la forme de généalogies interminables établies à ce qu'il semble pour justifier la filiation divine des personnages de l'action ; mais, chose curieuse, le rôle que jouent les Dieux les met presque dans une situation inférieure relativement aux brāhmanes, dont ils redoutent la puissance surnaturelle, fruit de leurs austérités, et il semble qu'il y ait une sorte d'indécision quant au rang qu'on doit leur attribuer. On dirait que nous sommes ici dans une époque de transition entre le brāhmanisme en décadence et l'indouisme naissant.

Ainsi, tandis qu'il est dit expressément que les héros du poème, les cinq Pāṇḍavas, sont respectivement les fils ou les incarnations d'Yama, de Vāyou, d'Indra et des deux Açvins (tous divinités importantes à l'époque védique et même brāhmanique), même quand ils interviennent dans les aventures de leurs fils, ces Dieux, complètement authropomorphisés, ne remplissant que des rôles très effacés, agissent en hommes bien plutôt qu'en Dieux. Ils ont bien moins d'importance que les Dieux homériques, auxquels ils ressemblent beaucoup.

Les premières places sont tenues par deux nouveaux venus, Vichnou et Çiva. Encore Vichnou n'a-t-il pas ici le rang de Dieu suprême, âme universelle que lui donne le Rāmāyana, et son substitut incarné, Krichna, qui aura plus tard une si grande importance, se présente-t-il bien plutôt comme un héros, un homme, que comme un Dieu. Ses divers actes n'ont rien d'absolument surnaturel, et il ne révèle réellement sa nature, en proclamant son identité avec l'Être suprême, que dans le chapitre appelé Bhāgavad-Gītā « Chant du Bienheureux », morceau que l'on considère du reste comme une interpolation tardive.

Çiva est véritablement le Dieu principal du poème : plusieurs épisodes et de nombreuses légendes attestent sa supériorité sur les autres divinités mises en scène, y compris Vichnou.

Nous pouvons également constater qu'il n'est pas une seule fois question de la *Trimoūrti*, preuve que cette conception de la Trinité n'avait pas encore été formulée.

Par contre, plusieurs légendes antiques des Védas et des Brāhmanas, que l'on retrouve à peu près identiques dans les Pourānas, y sont développées avec de grands détails ; telles, par exemple, le Barattement de la Mer de Lait par les Dieux et les Asouras associés afin d'en retirer l'Amrita, et le subterfuge par lequel Vichnou, transformé en femme (Mohinī) réussit à frustrer les démons de la part qui leur en revient; la naissance de Garouḍa, fils de Kaçyapa et de Vinatā, celle des mille serpents fils de Kadroū, du pari de Kadroū et de Vinatī et de la tricherie de la première, origine de la haine de Garouḍa pour les serpents; la légende d'Agni, le Dieu du feu, maudit par Bhrigou pour avoir révélé à Pouloman qui était Poulomā, femme de ce Richi, et condamné par cette malédiction à tout dévorer, même les choses les plus impures :

« Maudit par Bhrigou, le feu irrité lui tint ce langage : — Pourquoi m'as-tu, brāhmane, infligé ce châtiment ?

« Si, interrogé, j'ai dit la vérité, quelle faute ai-je commise, moi, de qui l'âme est également véridique et soumise au devoir ? »

. . . .

« Les Dieux et les Pitris mangent l'offrande qui est versée en moi; c'est pour cela que je suis nommé la *Bouche* des Dieux et des Mânes.

« C'est par ma bouche que l'on sacrifie aux Mânes dans les néoménies, dans les pléoménies aux Dieux, et c'est par ma bouche qu'ils mangent le beurre clarifié qu'on y verse ; mais si je dévore tout sans distinction, comment puis-je rester leur bouche ? »

. . . .

L'affaire est alors portée devant Brahmā, qui rend cette sentence passablement ambiguë :

« Tu seras toujours le purificateur dans le monde et la voie de tous les êtres ; ton corps ne sera pas en entier réduit à la condition de manger tout.

« Les flammes, qui sont ta croupe, mangeront tout ; ton corps, qui est carnivore, mangera tout ; mais telles que toutes les choses touchées par les rayons du soleil deviennent pures,

« Tel deviendra pur tout ce qu'auront consumé les flammes de ton essence. Tu as, Agni, une suprême splendeur, issue de ta propre puissance. »

Tel est, trop rapidement résumé à la vérité, le contenu du Mahābhārata, qui, ainsi que vous le voyez, a bien ce caractère de traité de religion, de philosophie et de morale que nous signalions au début de cette longue causerie.

CONFÉRENCES

DE L'ANNÉE 1900-1901

CONFÉRENCE DU 25 NOVEMBRE 1900

CULTE ET CÉRÉMONIES EN L'HONNEUR DES MORTS DANS L'EXTRÊME ORIENT.

Mesdames, Messieurs,

Parler du culte des morts en ce mois de novembre est presque encore une actualité, et j'ai pensé qu'il vous serait intéressant de comparer sur ce point les usages des autres peuples avec ceux de notre Occident.

Je ne vous étonnerai certainement pas en disant que le Culte des Morts est universel.

On trouve, en effet, chez les peuples les plus sauvages, ceux même qui paraissent ne point avoir de religion, un certain respect des morts, inspiré peut-être plus par l'horreur du cadavre que par l'affection; mais qui, en s'épurant et s'élevant, devient le souvenir affectueux et pieux du civilisé pour ses parents et ses amis disparus.

L'histoire des religions nous montre le culte des morts, transformés en esprits, à l'origine de presque toutes les croyances, et persistant même chez quelques-unes au point de devenir l'un de leurs éléments les plus importants; chez presque toutes précédant la conception de l'existence des Dieux, et lui servant de fondement.

Les Dieux primitifs sont en effet des esprits, esprits sans doute des morts, avant d'être conçus comme des esprits des phénomènes naturels ou chargés de leur direction, tels l'esprit du soleil, de la lune, de la terre, qui deviennent de véritables divinités à mesure que leur conception s'élève et s'épure, que grandit la puissance qu'on leur prête. Dans quelques cas cette origine reste encore nettement discernable, par exemple dans la religion actuelle de la Chine; d'autre fois elle se distingue aisément sous les fioritures du mythe comme dans la tradition primitive des Japonais, ou même dans celle des Indous.

Quant à la croyance en l'existence des esprits, son point de départ paraît être dans le rêve, montrant agissants et quasiment animés, les êtres chers qu'on a perdus, les ennemis morts dont on redoute encore le courroux. Elle est aussi, vous vous en souvenez, l'origine, ou l'une des origines, de l'idée de l'existence de l'âme, en tant que distincte du corps, et de son immortalité.

A l'appui de cette hypothèse nous pouvons apporter l'unanimité de la croyance aux *Revenants* et à leur intervention bonne ou mauvaise, mais plus souvent mauvaise que bonne, dans les affaires humaines. Leur apparition est redoutée, elle présage généralement des malheurs; souvent ils viennent annoncer la mort prochaine de leurs parents, de leurs amis, ou de leurs ennemis. Inutile, n'est-ce pas, d'insister sur cette croyance puisqu'elle existe encore autour de nous en pleine Europe du XIXe siècle; notamment, vous le savez, chez les Écossais.

Quelquefois les Revenants, malheureux dans l'autre monde, affectent une allure démoniaque et viennent tourmenter les vivants, soit, à ce qu'il semble, par plaisir de leur nuire ou de les effrayer, soit le plus souvent afin d'obtenir d'eux la vengeance, s'ils sont morts victimes d'un crime, des prières pour adoucir leur sort ou des offrandes pour subvenir aux besoins matériels qu'on leur suppose.

Aussi, la plupart du temps, inspirent-ils une horreur générale, même quand ce sont les ombres d'êtres chers, et les traite-t-on en divinités malfaisantes. On s'efforce de satisfaire ce que l'on croit leurs désirs ou leurs besoins, afin de se les rendre favorables, quelquefois avec l'espoir d'obtenir leur protection, surtout afin de les décider à ne plus reparaître sur la terre.

Les Grecs et les Latins croyaient à l'apparition des morts qui n'avaient pas reçu de sépulture : ils revenaient jusqu'à ce qu'on leur ait donné satisfaction, soit en recherchant et ensevelissant leurs corps avec les formes cultuelles requises, soit en pratiquant à leur intention certains rites qui passaient pour tenir lieu de sépulture, et ils pouvaient devenir dangereux pour la vie de celui qui tardait trop ou se refusait à les satisfaire.

Tous les peuples du monde ont cru à l'existence des *Vampires*, revenants malfaisants, spectres de sorciers ou de monstres humains, qui ne pouvaient trouver de repos dans la tombe où ils conservaient toutes les apparences de la vie et dont ils sortaient la nuit pour aller se repaître du sang de quelque victime et entretenir ainsi leur existence posthume. Pour s'en débarrasser, il fallait rouvrir leur tombe et, d'ordinaire, leur percer le cœur avec une arme rougie au feu ou consacrée par des prières spéciales. Cette croyance persiste encore en Bohême, en Pologne et dans la petite Russie, peut-être ne serait-il pas nécessaire de chercher longtemps pour la trouver encore plus près de nous.

Selon une croyance à peu près universelle chez les peuples primitifs, le mort revit dans l'autre monde une existence nouvelle semblable, mais plus triste, à celle qu'il a vécu sur la terre et pendant laquelle il a les mêmes besoins que les vivants : témoins, les Champs d'Ialou des Égyptiens, les Champs Élysées des Grecs, les territoires de chasse des Peaux Rouges d'Amérique, etc. Les cérémonies, accomplies tant aux funérailles du mort que plus tard, ont pour but de lui procurer ce dont il peut avoir besoin dans cette autre vie et, par suite, de lui ôter toute raison de revenir réclamer le nécessaire à ses proches.

Avec des nuances provenant de leur état de civilisation, de leurs usages, de leurs mœurs et aussi du climat, tel était au fond le caractère des cérémonies funéraires et commémoratives chez les Égyptiens, les Grecs, les Romains, et en général chez tous les peuples de l'ancien monde occidental ; tel est aussi leur caractère, mais plus accusé au point de vue aministe, chez tous les peuples de l'Orient où le culte des Esprits tient une plus grande place dans la religion.

Dans l'Inde, le culte des morts est le devoir religieux le plus obligatoire après le sacrifice. Ils y sont traités à peu près comme les Dieux, avec cette différence, cependant, qu'on n'allume pas le feu sacré à leur intention, bien que ce soit dans ce feu que les offrandes doivent être consumées : Manou, en effet, dit formellement qu'on ne doit point se servir du feu ordinaire pour les offrandes aux morts.

Le culte brāhmanique des morts a ses racines dans le Rig-Véda avec les hymnes consacrés aux *Pitris* ou ancêtres divinisés, transformés en demi-dieux, et de toutes les formes rituelles c'est celle qui s'est conservée avec le moins de modifications, preuve irréfutable de l'importance capitale qu'on lui attribue. En effet, le culte rendu aux morts par leurs descendants assure la prospérité et la perpétuité de la famille, sans doute aussi de la tribu et peut-être même de la nation. De là, proviennent la nécessité et le désir ardent d'avoir des fils qui perpétuent les sacrifices ancestraux, et, à défaut de fils, l'usage de substituer l'enfant d'une fille mariée sous cette condition formelle, ainsi que d'autres coutumes qui, toutes étranges qu'elles nous paraissent, sont non seulement autorisées, mais même prescrites par les Çāstras, telles que, par exemple, l'obligation imposée au frère d'un défunt, mort sans héritier mâle, d'engendrer avec la veuve un fils qui sera considéré comme réellement fils du mort.

Les cérémonies, ou sacrifices, en l'honneur des morts portent dans l'Inde le nom de Çrāddha. Elles varient dans leur forme et leur intention suivant les circonstances et prennent les appellations diverses de : *Nitya-Çrāddha, Achtaka-Çrāddha, Pārvaṇa-Çrāddha, Kāmya-Çrāddha, Âbhyoudayika-Çrāddha. Ekoddichṭa-Çrādda.*

Le *Nitya-Çrāddha* est une triple cérémonie journalière qui comporte une offrande ou libation d'eau mélangée de sésame faite au cours du sacrifice obligatoire quotidien appelé *Sandhyā matinale*, une à midi, avant le repas, et une autre le soir. Voici, d'après le Brāhma-Karma[1], comment se pratique l'offrande matinale, la plus importante des trois :

« Moi, un tel, de telle famille, etc., j'offre une libation à mon père, de tel nom, de telle famille et de telle tribu.

« A mon grand-père, à mon aïeul, à ma mère, à ma grand'mère paternelle, à mon aïeule paternelle, à la seconde femme de mon père, à mon grand-père maternel avec sa femme, à mon aïeul

---

1. Traduit du sanscrit par A. Bourquin.

maternel avec sa femme, à feu mes enfants, à mon oncle paternel avec sa femme, à mon oncle maternel avec sa femme, à mon frère et son épouse, à ma tante paternelle avec son mari et ses enfants, à ma tante maternelle avec son mari et ses enfants, à ma sœur, son mari et ses enfants, à mon beau-frère avec sa femme et ses enfants, à mon maître spirituel (Gourou) avec sa femme et ses enfants. »

Après avoir fait ces libations aux mânes des parents défunts, le brâhmane dit :

« Que depuis Brahmā jusqu'au plus stupide, soit Dieux, soit Richis, soit parents, soit tout autre personne en général, qu'ils soient tous satisfaits de cette libation que je leur offre !

« Que tous les pères, les mères, les grand'-mères, etc., soient satisfaits !

« Que cette libation d'eau mêlée de sésame soit une satisfaction rafraichissante à toutes les innombrables générations passées qui ont habité dans ces sept continents et dans tous les mondes, depuis celui-ci jusqu'à celui de Brahmā !

« Quant à ceux de notre tribu et de notre famille qui sont morts sans laisser d'enfants, qu'ils soient satisfaits de l'eau que je leur offre en tordant mon cordon sacré (mouillé du bain qu'on a pris) !

« Que Djanārdana (Krichna), le fils de Vasoudéva, prenne plaisir à ce culte rendu aux mânes des parents défunts ! Svaha ! »

L'offrande du sacrifice de midi consiste en une simple libation d'eau accompagnée de quelques bribes des mots préparés pour le repas de la famille ; elle doit se faire avant qu'on touche à la nourriture préparée.

Celle du soir a également le même caractère ; mais elle se fait à l'issue du repas et se complète par une offrande *Bali* à tous les Dieux et aux ancêtres faite par la maîtresse de maison avec les reliefs de la table familiale. Cette offrande se distingue de celle de la cérémonie dite *Balihārana* en ce que la femme ne doit prononcer aucune formule sacrée en la préparant et en la faisant.

L'*Achtaka-Çrāddha* est une cérémonie, plus complète, qui se célèbre le huitième jour de chaque mois.

Le *Pārvaṇa-Çrāddha* doit se célébrer tous les mois, à la conjonction de la nouvelle lune, pour trois générations d'ancêtres ; c'est-à-dire le père, l'aïeul et le bisaïeul.

Le *Kāmya-Çrāddha* n'est pas obligatoire. C'est une cérémonie et une offrande accomplies en vue d'obtenir une grâce, telle que, par exemple, la naissance d'un fils, ou la réussite d'une entreprise qui doit rapporter honneur et profit à la famille. Cette cérémonie permet de supposer que les Indous attribuaient aux ancêtres un pouvoir d'intervention, soit directe (il ne faut pas oublier qu'on les tient pour des demi-dieux) soit par intercession auprès des grands Dieux dispensateurs des faveurs espérées. Il y a là un point intéressant à élucider quant au rôle des ancêtres comme protecteurs de la famille.

Le sacrifice *Âbhyoudayika-Çrāddha* se célèbre exceptionnellement à l'occasion de réjouissances de famille et d'événements heureux qu'il faut faire partager ou annoncer aux ancêtres, comme, par exemple, un mariage, la naissance d'un fils, son investiture du cordon sacré, l'acquisition de hautes fonctions, etc.

Enfin l'*Ekoddichta-Çrāddha* est la cérémonie unèbre par excellence, exclusivement consacrée à une personne qui vient de mourir, et se célèbre immédiatement après qu'on a recueilli les ossements et les cendres, c'est-à-dire dix jours après l'incinération du cadavre. On la renouvelle ensuite tous les mois pendant un an, puis annuellement au jour anniversaire du décès. Ce sacrifice a pour but de faire revêtir à l'âme du mort un corps particulier, plus ou moins subtil selon ses mérites, qui lui permettra de subir les épreuves de la transmigration, et aussi de faire monter cette âme des régions inférieures de l'atmosphère, où elle aurait erré en véritable âme en peine, dans un des cieux. Selon Manou, ce Çrāddha, accompli suivant les règles, sauve l'âme du mort de l'enfer (c'est-à-dire la fait passer des ténèbres à la lumière) et tant qu'il n'a pas été célébré elle ne peut trouver le repos, idée qui a son équivalent dans les croyances de la Grèce.

Dans les Çrāddhas solennels, outre la libation d'eau dont il a déjà été question, l'offrande comporte des comestibles divers qui peuvent être offerts simultanément ou séparément, et Manou nous donne à ce sujet des renseignements intéressants :

« Je vais maintenant exposer, sans rien omettre, quelle (sorte d')offrande donnée aux Mânes, suivant la règle, sert pour un long temps ou pour l'éternité.

« Des grains de sésame, du riz, de l'orge, des haricots, de l'eau, des racines et des fruits, offerts suivant le rite, satisfont les ancêtres des hommes pour un mois.

« On les satisfait pour deux mois avec du poisson, pour trois avec de la chair de gazelle, pour quatre avec de la chair de mouton, pour cinq avec de la chair d'oiseau,

« Pour six avec de la chair de chevreau, pour sept avec de la chair de daim, pour huit avec de la chair d'antilope, pour neuf avec de la chair de cerf ;

« Ils sont satisfaits dix mois avec de la chair de sanglier et de buffle, onze mois avec de la chair de lièvre et de tortue.

« Un an avec du lait de vache et du riz au lait. La satisfaction (que leur donne) la chair d'un bouc blanc dure douze années.

« L'herbe Kalaçāka (ocimum sanctum) et le poisson Mahāçalka (crabe), la chair du rhinocéros et celle d'une chèvre rouge, du miel et tous les aliments des ermites leur procurent une satisfaction éternelle.

« N'importe quelle (substance) mêlée à du miel, offerte le treizième (jour lunaire) en (la saison des) pluies et sous la constellation Maghā (procure) aussi (une joie) impérissable.

« Puisse-t-il naître dans notre lignée quelqu'un qui nous donnera du riz au lait avec du miel et du beurre clarifié le treizième (jour lunaire) et (à l'heure) où l'ombre de l'éléphant tombe à l'est (c'est-à-dire après-midi) ! Tel est le vœu des Mânes.

« Tout ce qu'un homme de foi donne ponctuellement, selon la règle, devient pour les Mânes dans l'autre monde (la source d'un) contentement éternel et indestructible [1]. »

Réglementairement un Crādha doit s'accomplir à l'anniversaire précis du décès; cependant il est des dates néfastes (indiquées par les calendriers) auxquelles on ne peut le célébrer, de même aussi qu'il y a des époques particulièrement favorables que l'on doit saisir, fallut-il pour cela avancer ou retarder un peu sa date. Il y a aussi des moments variables de la journée plus ou moins propices pour la célébration d'un Crādha parfait. Ces dates et ces heures néfastes ou propices font l'objet de prescriptions minutieuses dans les Lois de Manou :

« Dans la quinzaine noire, les jours à partir du dixième, le quatorzième excepté, sont recommandés pour un sacrifice funéraire, mais il n'en est pas de même des autres.

« Celui qui accomplit (un sacrifice funéraire) aux jours pairs et sous les constellations paires,

---

1. G. Stréhly : Lois de Manou, III, 266-275.

obtient (la réalisation de tous ses désirs. Celui qui honore les Mânes aux (jours impairs et sous les constellations) impaires, obtient une brillante postérité.

« Et de même que la deuxième quinzaine est préférable à la première, ainsi l'après-midi vaut mieux que la matinée pour (la célébration d'un) sacrifice funéraire.

« On doit accomplir (la cérémonie) en l'honneur des Mânes ponctuellement, sans se lasser, jusqu'à la fin, suivant les prescriptions, le cordon sacré posé sur l'épaule droite, en marchant de gauche à droite, (et) en tenant l'herbe Kouça dans la main.

« On ne doit point faire de sacrifice funéraire pendant la nuit, car la nuit est réputée (appartenir) aux démons, ni aux crépuscules, ni au moment qui suit le lever du soleil.

« On doit, suivant cette règle, offrir ici-bas le sacrifice funéraire trois fois par an, en hiver, en été, en automne ; (mais) celui qui fait partie des cinq grands sacrifices, tous les jours.

« L'oblation qui accompagne le sacrifice en l'honneur des Mânes ne doit pas se faire dans un feu ordinaire, et la cérémonie funéraire (ne doit être accomplie) par un Brāhmane entretenant le feu (sacré) qu'au jour de la nouvelle lune »[1].

Outre le sacrifice exécuté dans la forme ordinaire, deux actes spéciaux marquent le sacrifice funéraire :

L'offrande de gâteaux de farine et de riz, appelés *Piṇḍa*, qui ne peuvent être présentés que par les parents du mort jusqu'à la sixième génération, appelés pour cette raison *Sapiṇḍas*,

Et l'obligation d'offrir aux brāhmanes un repas luxueux et des dons proportionnés à la fortune de celui qui fait célébrer la cérémonie. Légalement, le cadeau fait à chaque brāhmane peut se borner au don d'une simple cruche d'eau, et nous pourrions admirer ce désintéressement rare, si nous n'apprenions d'autre part que la cruche doit être en or, en argent, ou tout au moins en cuivre, métal assez précieux dans l'Inde ancienne.

Selon les circonstances et la solennité du Crāddha il faut de un à trois brāhmanes pour officier; un seul suffit, cependant, pour la régularité et l'efficacité du sacrifice, s'il est impossible d'en trouver plus qui réunissent les qualités requises, car l'officiant doit être de vie pure, irréprochable

---

1. III, 276-282.

et savant : le sacrifice offert par un brāhmane indigne est une « oblation aux démons ».

Outre le ou les officiants, on doit aussi inviter au repas funéraire quelques autres brāhmanes de bonne vie et mœurs, les parents au degré de Sapiṇḍa et les amis les plus intimes, sous la restriction cependant des prescriptions minutieuses qu'édictent les Dharma-Çāstras relativement aux personnes qu'il faut ou ne faut pas inviter à un repas de Çrāddha, et auxquelles les Lois de Manou ne consacrent pas moins de soixante-et-un versets de leur troisième livre, ce qui prouve la grande importance attachée à cet acte.

Les prescriptions et les règles ne sont pas moins rigoureuses en ce qui concerne la célébration même du Çrāddha, ainsi qu'on peut en juger par le passage suivant du Mānava Dharma Çāstra :

« Ayant fait asseoir ces brāhmanes irréprochables sur leurs sièges, il faut les honorer avec des guirlandes odoriférantes et des parfums, après avoir préalablement (honoré) les Dieux.

« Après leur avoir apporté de l'eau, de l'herbe Kouça et des grains de sésame, que le brāhmane autorisé par (tous les autres) brāhmanes ensemble fasse (l'oblation) dans le feu.

« Ayant d'abord adressé à Agni, à Soma et à

Yama, suivant les règles, une oblation (comme) moyen propitiatoire (du Çrāddha), qu'il satisfasse ensuite les Mânes (par une offrande du riz).

« Mais s'il n'y a point de feu (sacré), qu'il mette (les oblations) dans la main d'un brāhmane ; car le feu et un brāhmane c'est tout un, disent les sages qui connaissent les livres saints.

« Après avoir fait (l'oblation) au feu (et) tourné complètement autour (en marchant de gauche) à droite, on doit asperger d'eau la terre de la main droite.

« Ayant fait trois boulettes du reste de l'offrande, on doit, avec recueillement et la face tournée vers le Sud, (les) offrir de la même manière que (les libations) d'eau.

« Ces boulettes offertes suivant le rite, on doit, attentif, essuyer cette main (droite) avec les (racines) de ces brins d'herbe kouça, à l'intention des (ancêtres) qui mangent les parcelles essuyées.

« S'étant rincé la bouche, tourné vers le nord, ayant fait lentement trois suspensions d'haleine, celui qui connaît les textes sacrés adorera les six (divinités des) saisons et les Mânes.

« De nouveau il versera lentement l'eau qui reste près de ces boulettes et, recueilli, il flairera ces boulettes dans l'ordre où elles ont été placées.

« Prenant successivement de petites portions de ces boulettes, il les fera manger suivant la règle à ces brāhmanes assis avant le repas.

« Ayant versé dans les mains de ces (hôtes) de l'eau mêlée de sésame, avec un brin de kouça, il (leur) donnera le sommet de ces boulettes en disant : — Svahā pour eux !

« Puis ayant pris lui-même un (plat) rempli d'aliments avec ses deux mains, il le déposera devant ces brāhmanes, en pensant aux Mânes.

« Les aliments qu'on apporte sans les tenir entre les deux mains sont enlevés de force par les esprits malfaisants.

« Les assaisonnements tels que bouillon, légumes, et autres, lait frais ou lait sûri, beurre fondu et miel, il doit les disposer avec soin par terre, étant attentif et recueilli,

« Ainsi que les aliments durs et les divers mets, racines, fruits, viandes délicates et boissons parfumées.

« Ayant apporté tous ces (plats) successivement, recueilli et attentif, qu'il les offre (à ses hôtes) en (leur) expliquant toutes les qualités de chacun.

« Il ne doit en aucun cas verser une larme, s'irriter, dire un mensonge, toucher les aliments avec le pied, ni les secouer :

CULTE ET CÉRÉMONIES EN L'HONNEUR DES MORTS 151

« Une larme envoie les mets aux fantômes, la colère (les envoie) aux ennemis, le mensonge aux chiens, le contact du pied aux démons, une secousse aux malfaiteurs.

« Tout ce qui plaît aux brāhmanes il doit le donner libéralement et faire des récits concernant l'Être suprême, car cela est agréable aux Mânes.

« Tous les aliments doivent être très chauds et on doit les manger en silence ; les brāhmanes (même) interrogés (à ce sujet) par celui qui donne (le repas) ne doivent point déclarer les qualités des mets.

« Aussi longtemps que les aliments restent chauds et que l'on mange en silence, sans proclamer la qualité des mets, les Mânes prennent leur part (du repas).

« Ce que l'on mange la tête couverte, ce que l'on mange la face tournée vers le sud, ce que l'on mange avec des sandales (aux pieds), ce sont les démons qui le dévorent.

« Ayant mélangé toutes sortes de mets (avec des assaisonnements) et les ayant aspergés d'eau, qu'il les dépose à terre, en les éparpillant (sur des brins d'herbe kouça), devant (ses hôtes) qui ont fini de manger.

« Le reste (des aliments) et ce qui a été éparpillé sur des brins d'herbe kouça doit être la part des (enfants) morts avant l'initiation et des (hommes) qui ont abandonné (sans motif) des femmes de leur caste.

« Les restes tombés à terre pendant un (repas en l'honneur) des Mânes sont déclarés la part des serviteurs dévoués et honnêtes.

« L'après-midi, les brins de kouça, la purification de la demeure, les grains de sésame, la distribution (des aliments), leur préparation, et des brāhmanes distingués, sont des avantages dans une cérémonie en l'honneur des Mânes [1]. »

En présence de l'importance donnée à ces cérémonies, il est permis de se demander s'il n'y a pas une inconséquence étrange entre le culte rendu aux morts et la croyance en la métempsycose d'après laquelle l'âme d'un défunt se réincarne en un nouvel individu, vivant peut-être au moment où se célèbre le Çrāddha commémoratif de sa mort, en tout cas incapable de profiter des offrandes faites à son intention. Il est donc probable qu'il s'agit ici d'une tradition, antérieure à l'époque où s'est développée la doctrine de la

---

1. G. Stréhly : Lois de Manou, III, 209-255.

transmigration des âmes, qui s'est perpétuée par continuation de l'usage et peut-être aussi parce qu'elle figurait dans les anciennes prescriptions sacrées.

La secte des Djains, qui eux aussi croient à la métempsycose comme tous les autres Indous, a évité cette inconséquence. Les Djains, en effet, brûlent les corps de leurs morts, jettent les cendres dans une eau courante ou un étang et n'accompagnent cet acte d'aucune cérémonie religieuse, de même qu'ils ne pratiquent ni culte des morts, ni aucune cérémonie commémorative aux anniversaires du décès des leurs. Ils donnent pour raison de cet usage que tous les éléments matériels de l'être se dissolvant après la mort, et l'âme immortelle entrant aussitôt dans un nouveau corps, il ne reste plus rien du défunt, qui n'a donc besoin ni d'offrandes ni de prières incapables d'exercer la moindre influence sur son sort futur fatalement réglé par le Karma de ses actes antérieurs.

Nous devrions, à ce qu'il semble, trouver les mêmes principes chez les Bouddhistes qui eux aussi ont pour base de leur doctrine la croyance au pouvoir inexorable du Karma; mais il est loin d'en être ainsi. Ils ont un culte des morts régulièrement établi et ressemblant d'une manière frappante avec ce qui se pratique dans l'Église catholique, leurs cérémonies ayant pour but exclusif de sauver l'âme du mort de l'enfer et de lui procurer une heureuse transmigration grâce à l'intervention de certaines divinités essentiellement miséricordieuses et à l'accomplissement de certains rites d'une efficacité toute puissante. Il va sans dire que les aumônes aux moines et les dons aux monastères sont des conditions indispensables pour assurer à une âme une bonne transmigration. Chez les Bouddhistes tibétains, les cérémonies en l'honneur des morts prennent un caractère plus accentué encore et comportent des sacrifices magiques tenus pour capables d'exercer une action toute puissante sur la volonté des Bouddhas et des dieux, capables même de modifier le Karma, ainsi que des exorcismes afin de préserver l'âme du mort des tentatives d'enlèvement auxquels les démons ne manquent jamais de se livrer.

En Chine, le culte des morts a une importance toute particulière en raison du caractère animiste de la religion qui établit une parenté complète entre les Dieux et les esprits des morts.

Tous les dieux de cette contrée sont des

esprits; actuellement esprits de la nature, à un moment donné simples esprits des ancêtres, sans même en excepter le Dieu suprême, Chang-Ti, qui n'est très probablement qu'un ancien empereur divinisé ou peut-être le représentant collectif des premiers empereurs. Cette conception de la divinité, les Chinois l'affirment continuellement par la divinisation de leurs grands hommes et les fonctions de régents de la nature qu'ils leur attribuent. Tous les Dieux des astres sont d'antiques personnages illustres, et Kouan-ti, le Dieu de la guerre, est un habile général de l'époque dite des Trois Royaumes. Le culte des ancêtres est la base de l'institution familiale et également de la société chinoise. Les ancêtres impériaux sont adorés conjointement avec les Dieux du Ciel et de la Terre aux grands sacrifices; les ancêtres particuliers sont les dieux protecteurs de la famille, et on peut dire avec juste raison que leur culte est la seule véritable religion de la Chine.

Étant donné cette identité entre les Dieux et les ancêtres, il est tout naturel que les cérémonies du culte national soient essentiellement des cérémonies en l'honneur des morts, qui ne diffèrent que par leur pompe des pratiques cultuelles des simples particuliers.

Pour les Chinois la vie de l'autre monde est une répétition de la vie terrestre avec cette différence que l'âme du mort, semi-immatérielle, ne peut subvenir par elle-même à ses besoins identiques à ceux de l'être vivant. Elle souffre de la faim, de la soif, du froid, de la chaleur, de l'ennui. Il lui faut des aliments, des vêtements, une maison confortable, de l'argent pour ses dépenses, des domestiques pour la servir, des chevaux, des voitures, des bateaux, des chaises à porteur pour voyager, et c'est tout cela que doit lui fournir la piété filiale des survivants.

Aussi ne faut-il pas s'étonner que journellement aussi bien que dans les nombreuses occasions de fêtes spéciales (à part les anniversaires il y a au moins une fête par mois en l'honneur des morts, dont quatre particulièrement solennelles au Ier jour de l'année, le jour de la fête des tombeaux, celui de l'ouverture de l'enfer, et celui du solstice d'hiver) les cérémonies à l'intention des ancêtres affectent toutes le caractère d'un banquet abondamment servi, composé comme il le serait pour des vivants, à la suite duquel on procure au mort tous les objets qui lui sont nécessaires en les brûlant à son intention soit réellement, soit en effigie simplement dessinés sur des morceaux de papier.

Pour les ancêtres impériaux ces festins et ces offrandes se font suivant les cas, au temple du Ciel, à celui de la Terre, ou au temple ancestral voisin du palais impérial qui leur est spécialement consacré; pour les particuliers le culte et les offrandes se font devant les tablettes, demeures des âmes, placées dans chaque maison sur l'autel domestique. Si affranchi qu'il soit de tout préjugé religieux, aucun Chinois ne croirait même possible de délaisser ou même seulement de négliger le culte de ses ancêtres.

Si de la Chine nous passons au Japon nous y trouvons également un profond respect et un pieux attachement pour les morts. C'est même en réalité la seule véritable conviction de la plupart des Japonais fort indifférents en général en matière de religion. Chez eux nous voyons le culte ancestral établi et pratiqué à peu près de la même manière qu'en Chine. Dans chaque maison un autel familial supporte les tablettes vénérées où sont inscrits les noms des ancêtres, pieusement entourées de baguettes d'encens et de petites coupes contenant de l'eau pure et un peu de riz cuit à l'eau, offrandes journalières quotidiennement renouvelées. Comme la Chine aussi le Japon a ses fêtes solennelles des morts, mais moins fréquentes et peut-être aussi moins matérialistes. La conception japonaise de l'âme et de la vie d'outre tombe est beaucoup plus élevée que celle que nous avons rencontré en Chine, sans doute par suite de l'influence prédominante du spiritualisme bouddhiste, et certainement aussi en raison du caractère propre aux Japonais.

Mais il n'en a pas toujours été ainsi. Au début de leur histoire, et probablement jusqu'au septième siècle de notre ère, époque où l'influence chinoise s'est fait sentir au Japon et l'a doté de l'institution du culte ancestral dont nous venons de constater l'existence, la conception japonaise de la vie de l'autre monde a été celle de presque tous les peuples primitifs. Elle était un simple recommencement, une existence semblable à la vie terrestre, soit dans le ciel, soit dans une région souterraine reproduction de la surface de la terre. Naturellement, cette conception primitive se traduisait au point de vue du culte funéraire par les mêmes pratiques que chez les peuples sauvages. Au guerrier qui allait recommencer une nouvelle vie, il fallait donner tout ce qui devait lui être nécessaire, des trésors, des armes, et pour lui faire cortège tous les êtres qui avaient vécu autour de lui, et on immolait sur son tombeau, on enterrait avec lui ses animaux de prédilection, ses femmes et même ses meilleurs amis. Ces pratiques barbares se conservèrent, pour les princes au moins, jusqu'au règne de l'empereur Soui-nïn Tennô qui, en l'an 2 avant notre ère interdit les sacrifices d'hommes et même d'animaux et ordonna de remplacer les victimes par de simples figurines d'argile, connues sous le nom de *Taté-monos* « objets plantés » qu'on disposait en cercle autour des tombeaux. Deux siècles plus tard l'eschatologie chinoise faisait son apparition au Japon, apportée par le Coréen Wani.

CONFÉRENCE DU 16 DÉCEMBRE 1900

UN POINT DE MYTHOLOGIE COMPARÉE.
LES DIEUX DU FEU

Mesdames, Messieurs,

De tous les mythes qui constituent le bagage religieux des peuples qui vivent et ont vécu sur notre globe, ceux relatifs au culte du Feu et aux Dieux qui personnifient cet élément ou y président, sont les plus intéressants et se prêtent le mieux à une étude comparée.

En effet, sauf quelques exceptions — et encore peut-être plus apparentes que réelles — le culte du feu a existé chez tous les peuples primitifs, s'est continué longtemps chez les plus civilisés et persiste chez beaucoup sous une forme plus ou moins déguisée ou dénaturée, mais encore reconnaissable pour l'explorateur attentif.

Presque partout il a été le point de départ des mythes et des cultes solaires, peut-être même du culte des astres ou sabéisme.

On a constaté la présence d'un culte du feu chez les sauvages, même parmi ceux qui n'ont qu'un rudiment de religion, et on le trouve régulièrement organisé chez les demi-civilisés d'Amérique, les Mexicains et les Péruviens. Au Pérou notamment les Vierges du soleil entretenaient un feu sacré perpétuel, et le laisser s'éteindre était une calamité qui présageait les plus grands désastres pour le pays. Il n'est pas besoin je pense, de rappeler son existence chez les Grecs et les Romains, chez les Indiens, les Perses, et, on peut le dire, chez tous les anciens peuples civilisés du monde connu.

Cette universalité du culte du feu s'explique aisément si on considère de quelle importance a été pour l'homme sa possession qui lui donne la chaleur et la lumière, qui lui sert à tant d'usages, et aussi, facteur non moins important peut-être, tous les soins dont il était obligé de l'entourer afin de le conserver, les difficultés qu'il éprouvait à le ranimer lorsque par malheur il s'éteignait.

Sans le feu pas de foyer domestique, pas d'industries, pas de civilisation possible.

De là proviennent les qualificatifs appliqués au feu d'ami, de bienfaiteur, de civilisateur, de maître de maison, d'inventeur des industries, des arts, voire même du sacrifice, de la prière, des hymnes ; de là aussi sa divinisation qui s'explique naturellement par la pensée qu'un Dieu préside à ses actes si utiles aux hommes et par la solennité qui s'attache à son allumage, surtout lorsque cet acte n'a plus le caractère d'utilité pratique qu'il avait au début.

Le feu est généralement considéré comme bienveillant ; mais il cause aussi des accidents, des malheurs, de véritables calamités, et ainsi s'explique le côté malveillant et destructeur qui est presque toujours un des aspects du dieu du feu et lui donne souvent un caractère presque démoniaque.

Nous avons parlé tout à l'heure de l'universalité du culte du feu. A-t-il bien réellement existé chez tous les anciens peuples civilisés ?

Quelques auteurs ont cru devoir nier son existence, faute d'en trouver des traces positives, chez les Chaldéens, les Assyriens, les Egyptiens, les Hébreux et en général chez les Sémites, chez qui il n'existerait même pas de traditions relatives à un temps où le feu était inconnu et à sa découverte. Nous croyons devoir faire nos réserves sur ce point en l'état actuel de la science ; mais une discussion de cette question nous entraînerait trop loin et sortirait du cadre étroit que nous impose la courte durée d'une simple causerie. Je me bornerai donc à dire que l'existence d'un culte du feu paraît indiquée chez les Egyptiens par le dire de Porphyre (cité par Lubbock) qu'ils entretenaient un feu perpétuel dans le temple d'Ammon, par l'usage qu'ils faisaient des cassolettes d'encens et surtout par leur théorie de la flamme vie qui, après la mort de l'individu, monte se régénérer dans le soleil et en redescend ensuite pour de nouvelles incorporations.

Le culte réel du feu s'est surtout développé chez les Aryens ou Indo-européens, et c'est l'Inde qui nous fournit le Dieu-type du feu en la personne d'Agni. Seul peut-être de toutes les divinités de cette grande race humaine la nature matérielle d'Agni est nettement caractérisée. Déjà dans le Rig-Vida avant d'être Dieu il est le feu, le feu terrestre que le prêtre allume avec un soin minutieux qui atteste la difficulté et l'importance de cet acte, début et peut-être même but unique du sacrifice, car en somme les libations de soma et de beurre qui constituent ce sacrifice primitif ont pour objet de fortifier et d'activer le feu, les offrandes de grains et de gâteaux sont destinées à le nourrir avant que les autres dieux en prennent leur part. Le plus naturaliste de tous les dieux védiques, il conserve intact ce caractère dans le brâhmanisme et l'indouisme, de même que ses multiples fonctions et attributs.

Voyons donc comment les Védas, et en particulier le Rik, représentent Agni; comment, par quelle évolution, d'un simple feu ils ont pu faire le plus important, le plus grand des Dieux.

Laissons de côté les règles minutieuses qui président à son allumage par le frottement rapide des deux aranîs, à son activation par les libations d'une liqueur spiritueuse, le Soma, et de matières grasses telles que le beurre fondu, qui nous renseignent sur les procédés primitifs de la production du feu, et prenons seulement ce feu dans le rôle divin que lui ont attribué l'admiration et la gratitude des hommes à qui il rendait tant et de si grands services.

D'après les nombreux hymnes du Rig-Véda consacrés à sa louange, Agni est adoré le premier dans tous les sacrifices, ce qui n'a rien pour nous étonner puisque l'allumage du feu auquel il préside, qu'il personnifie, est l'acte initial, indispensable de tout sacrifice.

Il appelle les Dieux, par ses pétillements, et les conduit au sacrifice.

Il est l'intermédiaire obligé entre les hommes et les Dieux auxquels il porte sur ses flammes et dans sa fumée les prières et les offrandes.

Il est la *bouche* par laquelle les Dieux mangent les offrandes.

Il est le messager des Dieux.

Ses mérites et ses attributions ne sont pas moindres en ce qui concerne son rôle terrestre.

On lui attribue l'invention du sacrifice, qui ne saurait exister sans lui, des hymnes et de la prière, dont ses pétillements ont été les premiers accents.

Il est le civilisateur de l'humanité, l'organisateur de la famille, grâce à lui groupée autour du foyer domestique ; il a établi les lois du mariage ; il est le protecteur vigilant du foyer domestique.

A lui se rattache l'invention de toutes les industries plus ou moins intimement liées à l'utilisation du feu. Il est forgeron sous le nom et la figure de *Tvachtri* (Ephaestos), le fabricant des armes d'Indra. — Il est mineur dans la personne de *Kouvéra*, dieu de la richesse. — Il est architecte sous l'apparence de *Viçva-Karma* l'édificateur des forteresses divines qu'il entoure de barrières de flammes.

Agni est le plus grand des Dieux. Il est tous les Dieux. Indra est la manifestation de son ardeur triomphante, Varouna représente son pouvoir miraculeux de tout voir, Roudra personnifie sa nature destructrice et malfaisante, enfin la Brihadâranyaka-oupanichad le déclare identique, à Brahma, l'Être suprême incréé, existant par lui-même, l'âme universelle.

Agni est partout et dans tout. Feu sacré et feu domestique, sur la terre, il est le Soleil dans le ciel, l'Éclair dans l'atmosphère ; il est dans l'eau de la pluie, dans les plantes, dans le corps des êtres animés, où il se manifeste par la chaleur.

Agni est la vie.

Mais c'est surtout dans son rôle de feu sacré du foyer qu'il joue un rôle important dans la vie de l'Indou.

Tout brāhmane, et anciennement même tout Dvidja, c'est-à-dire membre des trois castes supérieures, devait pieusement entretenir dans sa maison un feu sacré, exclusivement réservé aux sacrifices familiaux, mais ne pouvant en aucun cas être utilisé pour les usages domestiques ; je doute même qu'il fut licite de lui emprunter un brandon pour rallumer le feu domestique lorsqu'il venait à s'éteindre.

Ce feu sacré était le palladium, le symbole de la famille. On l'allumait le jour du mariage de l'Indou devenant maître de maison et il ne devait s'éteindre qu'après la mort de son possesseur. Il servait aux sacrifices obligatoires de la famille, notamment à la Sāndhyā matinale, dont les deux premiers actes consistaient à ranimer et vivifier ce feu, soigneusement conservé sous de la cendre de fumier de vache, et à verser dans ses flammes une oblation à Agni. C'était avec ce feu que devait être allumé le bûcher funéraire du maître de maison ; car Agni rend les éléments du corps à la nature et conduit l'âme du mort vers les demeures des Dieux. C'était aussi avec un brandon de ce feu que le Dvidja enflammait le bûcher de sa compagne fidèle, si elle mourait avant lui.

Ce Dieu du feu, cet Agni type nous le retrouverons partout dans les croyances et les pratiques cultuelles de la race Indo-européenne ; mais nulle part nous le verrons revêtu de l'importance et de la grandeur que lui ont attribuées l'admiration et l'amour de ses adorateurs Indous.

Les Iraniens, ou Perses, sont certainement le peuple le plus étroitement apparenté avec les Indous ; leur type ethnique et leur langue en sont de sûrs garants. Aussi est-ce sans étonnement que nous constaterons le rôle prédominant que remplit chez eux le culte du feu, ou plus exactement son entretien. Toutefois ce feu sacré, n'est pas considéré comme lui-même un Dieu, mais comme le symbole du Dieu suprême Ahoura-Mazda, principe de la lumière éternelle. Il existe bien cependant chez les Irâniens un dieu du feu, Asha Vahishta, mais ce n'est qu'un Amchaspand, créature ou émanation d'Ahoura-Mazda, et son rôle est tout à fait secondaire. Les Perses distinguent deux sortes de feu sacré : le *Bahrān* et l'*Âdaran*, qui diffèrent par leur origine et leur préparation.

Le Bahrān exige un an de préparation. Composé de seize espèces différentes de feux, il est l'âme de tous les feux. Six buches de bois de santal sont nécessaires à son entretien journalier.

L'Âdaran est formé de feux domestiques qui ont servi trois fois; une seule bûche de santal suffit à le nourrir.

Tous deux sont conservés dans des vases de métal enfermés dans une pièce spéciale des temples ou *Dari-Mihr*, appelée Chambre du feu.

C'est en leur présence que se célèbrent toutes les cérémonies du culte, consistant en des offrandes d'eau sainte, de gâteaux et de viandes.

En plus, dans les maisons particulières, on

entretient un feu domestique, renfermé aussi dans un vase de métal, dans une chambre pavée en pierre ou dont le sol est en terre soigneusement battue.

Signalons encore, en passant, le culte tout particulier dont est l'objet le feu perpétuel de Bakou.

D'après Hérodote et Diodore de Sicile le culte du feu existait de leur temps chez les Scythes. Nous manquons malheureusement de renseignement précis sur la manière dont il était pratiqué.

On en constate la présence chez les anciens Slaves.

Chez les anciens Prussiens, un feu perpétuel était entretenu en l'honneur du dieu Potrimpas (?). Le prêtre qui le laissait éteindre était puni de mort.

Les Scandinaves et les Germains personnifiaient le feu dans le dieu Loki, Loder ou Lodur. A part sa participation à la création de l'homme et de la femme (Ask et Embla), à qui Odin donne l'âme, Hœnir l'intelligence et Loki le sang et la forme, ce dieu a toujours un caractère malfaisant. Il donne des conseils perfides aux Ases, excite contre eux les Vanes et les Jotes, et finalement est la cause de la grande guerre entre les Ases et les Jotes, de la destruction des Ases, et de l'embrasement du monde. Il est le père du loup Fenrir, le principe du mal.

Passant aux nations les plus anciennement civilisées de l'Europe, nous constatons que le culte du feu tenait en Grèce une place importante. Il y est personnifié par Hestia, Héphaestos, les Cabires, les Curètes, les Corybantes et les Dactyles.

La déesse Hestia, qui a de grandes ressemblances avec Agni, est à la fois la flamme du sacrifice, le feu sacré et le feu du foyer domestique. On la dit la plus auguste des déesses, la première à qui l'on sacrifie. Elle s'assied au foyer domestique et a une place dans les temples des Dieux. Dans les serments son nom est invoqué avant celui de Zeus lui-même.

Son culte paraît avoir été le plus ancien des populations de la Grèce. Chaque cité avait un foyer commun, Prytanée, où l'on entretenait en son honneur un feu perpétuel, à Mantinée et à Mégare entre autres, et les deux temples de Delphes et d'Artémis Pyronia, sur le mont Crathis, possédaient un foyer où l'on allait chercher le feu sacré. Dans les habitations primitives de la Grèce, le foyer, demeure sacrée d'Hestia, était placé exactement au centre de la maison.

Héphaestos, l'artisan divin, nous rappelle surtout Agni dans ses transformations en Tvachtri et en Viçva-Karma. Il est trop universellement connu pour qu'il soit utile de rappeler les détails de sa légende, son rôle de fabricant de la foudre de Zeus, des armes d'Achylle et la création de Pandore. Son culte paraît avoir été un des plus anciens de la Grèce et remonte peut-être jusqu'à l'époque des Pélasges. A ce culte et à cette légende se rattachent étroitement les mythes des Cabires, prototypes des Cyclopes, des Curètes, des Carybantes et des Dactyles, inventeurs des métaux, qui ont une grande ressemblance avec les Ribhous de l'Inde védique.

Ai-je besoin de vous rappeler le culte qu'ont rendu aux dieux du feu les Latins et surtout les Romains! Sans qu'on les nomme deux noms bien connus viennent à votre pensée : Vesta et Vulcain. Employé de temps immémorial dans les sacrifices, et sans doute de la même manière que dans l'Inde, le feu, le feu sacré bien entendu, est surtout représenté par Vesta. La légende rapportée par Virgile veut que cette déesse et son culte aient été apportés de Troie par Énée, et dans ce cas la tradition paraît bien vraisemblable, car par son caractère aussi bien que par son nom elle est intimement apparentée avec l'Hestia grecque. La racine sanscrite de ce nom (*was* « habiter, demeurer ») répond bien à son rôle de déesse stable, de protectrice de la ville, de la demeure; car ce n'est pas seulement dans le temple, mais au foyer que trône Vesta, et il n'est pas sans intérêt de constater que son sanctuaire se nommait *Atrium*, c'est-à-dire « foyer » et non *Templum* comme ceux des autres divinités. Vesta est en réalité la déesse de tous les feux allumés sur tous les autels publics et privés.

Numa, dit-on, lui érigea le premier sanctuaire. Par la suite chaque ville de la confédération italique dut avoir sa Vesta, déesse véritablement locale et nationale tout à la fois, et les hardis aventuriers, fondateurs de colonies, emportaient avec eux le feu de leur Vesta allumé au foyer de la mère-patrie.

Vous parlerai-je des Vestales? Vous les connaissez trop bien pour que j'aie rien à vous apprendre à leur sujet. Notons seulement que, lorsqu'elles le laissaient éteindre, le feu sacré de Vesta ne pouvait se rallumer que par un procédé naturel, concentration des rayons solaires, ou friction de deux morceaux de bois, rite qui nous ramène aux prescriptions du culte indien d'Agni.

Vulcain, lui aussi, est trop universellement

connu pour qu'il soit nécessaire de nous arrêter aux détails de son mythe, ou de discuter sur sa ressemblance avec Héphaestos, ressemblance en grande partie de pure forme, car Vulcain est une divinité nettement italique, qui n'a été que tardivement investie des attributs de l'Héphaestos grec, avec lequel il n'a primitivement point d'autre analogie que son rôle de Dieu du feu. Par contre il se rapproche beaucoup d'Agni par son double caractère tantôt bienfaisant et créateur, tantôt destructeur, et aussi par sa fonction accidentelle du dieu du foyer domestique.

Mais dans cette fonction de divinités à la fois ignées et familiales il existe encore en Italie deux classes de dieux, bien plus modestes à la vérité, qui ont des rapports étroits avec Vesta et même avec Vulcain. Je veux parler des *Lares*, protecteurs de la famille, et des *Pénates*, protecteurs de la maison, qui malgré leur rang effacé semblent être, plus que tous les autres, les véritables dieux du Romain. Comme Vesta, Lares et Pénates résident dans l'Atrium et reçoivent leurs offrandes au foyer domestique. Il serait difficile, je crois, de leur refuser le titre de Dieux du feu, puisqu'ils en remplissent la plus intéressante fonction.

Tournons-nous maintenant vers l'Extrême-Orient.

Là nous trouvons, comme partout, des dieux du feu, mais ils sont loin d'avoir le rôle prépondérant qui leur est attribué chez les Indo-européens.

La Chine, dont la civilisation remonte à une si haute antiquité, a gardé le souvenir du temps où les hommes ne connaissaient pas le feu; mais il ne semble pas que chez elle, la déification de cet élément se rattache positivement au sacrifice. Elle en attribue la découverte à son premier empereur, Fou-hi, personnage mythique prétendu l'inventeur de tous les éléments de la civilisation. L'un de ses successeurs, Hoang-ti, est déifié comme Dieu du feu en reconnaissance de ce qu'il a institué le mariage et créé le foyer domestique, et Tchouh-young, ministre de ce dernier, a reçu le même honneur en raison de sa charge de Directeur des feux d'offrandes; mais ce ne sont, à ce qu'il semble, que des Dieux honoraires. Les véritables Dieux du feu se nomment Tsaô-Koun-Kong, Ngao, Ki et Oei, et peut-être sont-ce là simplement divers noms d'un même personnage. En tout cas leurs fonctions sont identiques et essentiellement domestiques. L'un d'eux, Tsao-

Koung-Kong, représenté tantôt comme un jeune homme imberbe, tantôt sous les traits d'un vieillard vénérable, figure toujours sur l'autel des ancêtres comme protecteur du foyer, en compagnie de la déesse Kouan-yin, protectrice des femmes et des enfants, de Thô-ti-Kong, dieu de la richesse, et du dieu de la province. Ce Tsaô-Koung-Kong surveille spécialement la cuisine et a la charge de protéger la maison contre les incendies.

Le Tibet possède deux dieux du feu. L'un, Mé-lha, est d'origine bouddhique et reproduit les principaux traits d'Agni; mais il n'est pas adopté par la population comme dieu du foyer. Le véritable possesseur de cette fonction, indigène naturellement, se nomme Nang-Lha. Il protège la maison, mais en véritable tyran et ses exigences ne laissent pas que d'embarrasser fort les habitants. Il se déplace sept fois dans l'année et aucune personne, ni aucun objet ne doit envahir la place qu'il occupe. Si, par exemple, il est à la porte, elle ne peut être franchie ni par de jeunes mariés, ni par un cadavre, et s'il y a nécessité absolue de les faire entrer ou sortir, il faut percer une brèche dans le mur. Se loge-t-il au centre de la maison, il faut en enlever le foyer de chauffage et le transporter dans un coin. S'il est au foyer de la cuisine, on ne peut y apporter aucun corps mort, et il faut le protéger par un écran si quelque étranger vient à entrer. Heureusement que les dates de ses déplacements sont connues, car des maux sans nombre seraient le châtiment de la moindre transgression de ses volontés.

De toutes les contrées que nous connaissions, le Japon est celle où le feu a le moins d'importance. Même, sa mythologie primitive ne connaît pour ainsi dire pas de dieu du feu, car Hi-no-Kaga-biko-no-Kami, fils d'Izanagui et d'Izanami, cause en naissant la mort de sa mère et, fou de douleur, Izanagui lui tranche immédiatement la tête.

Plus tard seulement, quand le Bouddhisme s'introduisit au Japon, il apporta avec lui deux Dieux du feu, tous deux imitations de l'Agni védique. L'un, Ka-ten, ne figure que dans les légendes et les rites religieux; l'autre, Sam-bô Kouô-djin, adopté par la croyance populaire, remplit le rôle de protecteur du foyer, et pendant longtemps, quand survenait un incendie, on allait chercher sa statue au temple pour la promener processionnellement au lieu d'appeler les pompiers. Aujourd'hui cependant on préfère avoir recours à ces derniers.

Si rapide et incomplète qu'ait été cette revue des croyances des anciens peuples civilisés, je crois cependant qu'elle nous permet de conclure que le culte du feu a été universel dans les temps primitifs, et même que, dans bien des cas, il a été le point de départ de celui des autres dieux, comme le feu lui-même a été l'origine du sacrifice, qui ne pouvait exister sans lui.

CONFÉRENCE DU 27 JANVIER 1901

L'ASTROLOGIE ET LES DIFFÉRENTES FORMES DE LA DIVINATION DANS L'INDE, EN CHINE ET AU TIBET.

Les observations des modernes, aussi bien que les traditions et l'histoire de l'antiquité, nous montrent que la première préoccupation des peuples primitifs, dès qu'ils sont capables de penser et avant peut-être qu'ils songent à se rappeler le passé, est de chercher à connaître ce que l'avenir leur réserve de bon ou de mauvais, sur cette terre d'abord, puis, plus tard, dans la vie de l'autre monde.

Mais à qui demander la clef de ce mystère ? Tous les primitifs et, avouons-le, pas mal de nos contemporains, répondent sans hésitation : au livre mystérieux du ciel et aux agents secrets qu'ils soupçonnent diriger ou exécuter les volontés des forces occultes de la nature.

N'est-il pas bien naturel, en effet, que des simples et des ignorants, constatant par une expérience quotidienne l'action bienfaisante du soleil et de la lune sur ce qui les environne, prêtent à ces astres une vie propre, une volonté et une puissance capables d'influer sur la destinée humaine, et étendent également ce pouvoir supposé aux autres corps lumineux du firmament.

Par quelle suite d'observations ou de déductions empiriques, on est arrivé à attribuer aux conjonctions et aux oppositions de tels ou tels astres une action propice ou néfaste, est un des problèmes nombreux qui ne seront sans doute jamais résolus; nous savons seulement par les révélations des civilisations les plus anciennes — la Chine, l'Égypte et la Chaldée — que ces superstitions pseudo-scientifiques remontent à l'enfance même de nos prédécesseurs sur la terre et qu'elles ont eu pour point de départ une étude relativement assez sérieuse de la position réciproque et du mouvement des corps célestes qui, selon la manière dont elle était dirigée, a donné naissance à l'astronomie et à l'astrologie.

Un autre problème se pose, également inso-

luble dans l'état actuel de nos connaissances :
Quelle est la première en date de l'Astronomie ou
de l'Astrologie ?

Peut-être l'observation du ciel nocturne, comme
moyen de se diriger et d'apprécier la durée du
temps, a-t-elle précédé les spéculations astrologiques ? Mais je suis porté à croire que, de même
que l'Alchimie pour la Chimie et la Physique, l'astrologie a donné l'impulsion féconde à l'astronomie, avec laquelle, du reste, elle se confond souvent. Tel est, du moins, le cas pour l'Inde ; mais
là, l'importance exagérée accordée à l'astrologie a
étouffé le développement scientifique de l'astronomie. Ces deux sciences sœurs et rivales paraissent s'y être développées spontanément ; car jusqu'à présent on n'a pas trouvé de traces, apparentes d'un emprunt à la Chaldée, sauf l'identité
des planètes (mais on la constate partout), ni à la
Grèce qui n'est entrée en relations avec l'Inde que
longtemps après que l'astronomie indienne était
constituée.

Celle-ci est, en effet, très ancienne, et probablement l'étude des astres a eu pour premier but de
déterminer les époques où devaient s'accomplir
les sacrifices. Dans le Rig-Véda, déjà, il est fait
mention de quelques *Nakchatras* (constellations,

ou astérismes lunaires), et ces premières indications ont même servi de base aux travaux récents de MM. Jacobi et Oldenberg sur l'âge probable des Védas.

On sait comment s'opèrent ces recherches. Il s'agit de déterminer par des calculs rétrospectifs quel a été le déplacement sur l'écliptique des constellations indiquées, par rapport avec leur position actuelle.

M. Jacobi arrive à conclure que les observations astronomiques du Rig-Véda nous reportent à 4500 ans, et M. Oldenberg à 2400 ans avant notre ère. La marge est grande entre ces deux opinions ; mais même en adoptant la plus rapprochée de nous, il n'en reste pas moins une vénérable antiquité à l'actif de l'astronomie indienne.

On trouve une autre preuve de l'existence d'une connaissance astronomique au temps du Rig-Véda dans la personnification des phases de la lune sous les noms de Kouhoū, Anoumatī, Rākā et Sinīvālī, divinités qui représentent respectivement la nouvelle lune, la pleine lune moins l'épaisseur d'un doigt, la pleine lune, et le croissant d'un doigt d'épaisseur au premier et au dernier quartier.

A l'époque où furent composés les Brāhmaṇas, et même le Yadjour Véda, on étudiait attentivement les astres et leurs mouvements, car ces livres donnent les noms de Nakchatra-darça et de Gaṇaka aux observateurs du ciel, astronomes ou astrologues. Depuis lors on n'a pas cessé de cultiver l'astronomie et l'astrologie quoique ces deux sciences aient fait peu de progrès, en raison de l'empirisme de la méthode qui présidait à leurs recherches. De nombreux ouvrages ont été composés à diverses époques aussi bien sur l'une que sur l'autre, et l'un des six Védāngas (traités des sciences nécessaires pour lire et comprendre les Védas), le *Djyoticha,* leur est consacré en entier. Enfin les applications qu'en fait le Mānava-Dharma-Çāstra nous prouvent qu'elles étaient à peu près constituées comme aujourd'hui à l'époque de la rédaction de ce code, c'est-à-dire, entre 500 et 300 avant notre ère.

Il faut bien reconnaître, cependant que les astronomes et astrologues les plus célèbres et les plus souvent cités sont relativement modernes : Âryabhata vécut au troisième ou cinquième siècle de notre ère, Varāha-Mihira au sixième, de même que Brahmagoupta, et Bhāchkarātchārya au douzième.

Les Indiens donnent le nom collectif de *Siddhānta* aux ouvrages qui traitent de l'astronomie et de l'astrologie (ces deux sciences se confondent constamment), parmi lesquels cinq, appelés *Pantcha-Siddhānta*, passent pour avoir été les modèles et les sources de tous les autres; ce sont : le Pauliça-Siddhānta, le Romaka-Siddhānta, le Vasichta-Siddhānta, le Saura-Siddhānta et le Paitāmaha ou Brahmā-Siddhānta. Un des traités d'astronomie et d'astrologie les plus estimés, quoique moderne (xiie siècle) est le Siddhānta-Çiromaṇī.

Un traité très connu, la Brihat-Samhitā de Varāha-Mihīra, donne un curieux portrait de l'astrologue idéal, qui montre en quelle estime était tenue sa prétendue science :

« L'astrologue doit être de bonne famille, d'aspect aimable, élégant dans sa mise, véridique et sans méchanceté. Il doit avoir des membres bien proportionnés, solides et complets; il ne doit point avoir de défauts corporels; il doit être bel homme, avoir de belles mains, de jolis pieds, de jolis ongles, de beaux yeux, le menton bien fait, de belles dents, de jolies oreilles, les sourcils et la tête bien faits, une voix sonore et claire; car d'ordinaire les bonnes et les mauvaises qualités vont à l'unisson avec l'aspect personnel. En ce qui concerne les mathématiques, il doit connaître les divisions du ciel et du temps en âges, années, demi-années, saisons, mois, demi-mois, jours, veilles, heures, demi-heures, minutes, demi-minutes, respirations, moments, subdivisions d'un moment, etc., ainsi qu'il est enseigné dans les cinq Siddhāntas. Il doit savoir pour quelle raison il y a quatre sortes de mois — mois solaire (*saura*), naturel (*sāvana*), sidéral (*nākchatra*), et lunaire (*tchandra*) — et comment il se fait qu'il y ait des mois intercalaires et des jours soustractifs. Il doit savoir le commencement et la fin du cycle Jovien de soixante ans, des lustres, des années, des jours, des heures, et les Dieux qui y président respectivement. Il doit prédire l'instant du commencement et de la séparation, la direction, la mesure, la durée, la quantité de l'obscurcissement, la couleur et le lieu des éclipses de soleil et de lune, ainsi que les conjonctions futures et les rencontres hostiles des neuf planètes. Il doit être habile à déterminer en yodjanas (16 kilomètres environ) la distance de chaque planète à la terre; et de plus les dimensions de leurs orbites et les distances des lieux sur la terre en yodjanas. Il doit être expert dans les opérations géométriques et dans le calcul du temps Si, en plus, il sait parler vigoureusement, parce qu'il comprend toutes les questions captieuses, si la science qu'il expose est devenue plus subtile après avoir été mise à l'épreuve par ses propres efforts et son étude incessante, — ainsi que l'or devient plus pur quand il est placé sur la pierre de touche, par purification dans le feu et par un travail soigneux — alors on peut dire de lui que c'est un homme de science. Il a été dit : « Comment peut-on qualifier de savant celui qui ne résout aucune difficulté, qui ne répond à aucune question et n'instruit pas ses disciples ? » Et le grand voyant Garga a dit : « Le roi qui n'honore pas un savant accompli dans l'astrologie et l'astronomie court à sa perte. » « Semblable à une nuit sans lumière, à un ciel sans soleil, est le roi privé d'astrologue ; comme un aveugle, il erre sur le chemin ». « Nul homme souhaitant le bien-être ne doit vivre dans un pays où il n'y a point d'astrologue ». « Quiconque a étudié l'astrologie est certain de ne pas aller dans les régions infernales ». « Celui qui, sans connaître la science, exerce la profession d'astrologue, est un homme pervers, un fléau pour la société. Il faut le considérer comme un simple regardeur d'étoiles. Mais le roi doit honorer et attacher à son service celui qui connaît l'horoscopie, l'astronomie et l'astrologie naturelle [1]. »

---

1. Sir Monier Williams, *Indian Wisdom*, p. 179.

Nous avons vu que la croyance en l'influence des corps célestes sur le monde matériel et sur les destinées des hommes s'explique par l'attribution aux astres d'une action analogue à celle que le soleil et la lune exercent sur les phénomènes de germination, croissance des plantes, etc. Il en est certainement ainsi dans l'Inde, et là, de plus, la déification des astres a renforcé encore cette croyance : les planètes portent les noms de divinités qui sont censées y résider; chacune des constellations est consacrée à un Dieu dont elle est la demeure, et il en est de même des étoiles de la Grande-Ourse assimilées aux sept grands Richis védiques.

Chez les Indous, tout est rapporté à la religion exclusivement, aussi l'astronomie n'a-t-elle d'utilité et n'est-elle étudiée qu'afin de pouvoir déterminer exactement les jours où doivent être célébrés les sacrifices non quotidiens. De son côté, l'astrologie a pour but et utilité d'indiquer les jours et les heures où ces sacrifices et les nombreuses cérémonies individuelles, telles que les rites de l'Initiation, du mariage, les sacrifices funèbres ou Çrāddhas, les rites purificatoires, etc., peuvent être accomplis dans les conditions voulues, ou bien au contraire les jours néfastes pendant lesquels une mauvaise disposition des astres ne permet pas de les célébrer.

Mais l'astrologie n'est pas exclusivement au service de la religion. Les particuliers, eux aussi, ont souvent recours à l'intervention de l'astrologue dans les nombreuses circonstances de leur vie, ou de celle de leurs proches, sur lesquelles les astres passent pour exercer une action propice ou néfaste, particulièrement la naissance et la mort.

L'acte astrologique individuel le plus important est l'horoscope de naissance ou thème de nativité. Non seulement il indique les chances de bonheur ou de malheur, la durée de la vie, les époques dangereuses et les causes de ces dangers, mais il aide encore à établir l'horoscope de mariage, la destinée personnelle des fiancés modifiant naturellement, pour les renforcer ou les atténuer, les présages bons ou mauvais résultant de la situation des astres et du caractère de l'année, de la saison, du mois, du jour, de l'heure.

Une croyance généralement répandue dans l'Inde est que si un homme meurt un jour néfaste, sa famille doit péricliter et périr. L'horoscope de mort a donc pour but de déterminer la qualité du jour du décès, de révéler quelle sera la condition du mort dans sa nouvelle existence, et aussi d'indiquer quelle cérémonie doit être célébrée pour détourner de la famille les malheurs qui pourraient la menacer. Il est facile de se rendre compte par ces deux exemples de l'importance que doit avoir l'astrologie dans la vie d'un Indou.

De quelque nature que soit l'opération qu'il accomplit, religieuse ou privée, l'astrologue doit constater l'absence, la présence et la position dans l'écliptique du soleil, de la lune, des planètes, des constellations (surtout de la Grande-Ourse), leurs conjonctions et leurs oppositions, qui sont aptes à modifier le caractère propre à chacun des astres. Il faut aussi qu'au moyen de tables spéciales il connaisse la nature et le caractère de l'année, de la saison, du mois, du jour, de l'heure, éléments susceptibles de changer totalement le résultat donné par la position des astres : ainsi les premier, quatrième, huitième, et quatorzième jours de chaque demi-mois sont naturellement mauvais, mais leur malignité peut être corrigée par de bonnes influences sidérales; au contraire le jour (*tithi*) qui ne renferme pas de lever de soleil est irrémédiablement néfaste et détruit tous les bons présages, fussent-ils unanimes.

Le temps d'une éclipse de soleil ou de lune est non seulement mauvais, mais par la souillure rituelle qu'il produit rend impossible toute espèce de cérémonie ou d'entreprise quelconque.

Les planètes, *Grahas*, sont au nombre de neuf, nommées : Soūrya (le soleil), Tchandra ou Soma (la lune), Mañgala (Mars), Boudha (Mercure), Vrihaspati (Jupiter), Çoukra (Vénus), Çāni (Saturne), Rāhou et Kétou. Chacune d'elles, ainsi qu'on le voit, porte le nom d'un Dieu, et son caractère propice ou néfaste dépend de la nature prêtée à cette divinité : le soleil, la lune, Mercure, et Vénus sont propices ; Jupiter est variable, mais plutôt mauvais ; Mars et Saturne sont nettement mauvais ; Rāhou et Kétou exercent les pires influences.

Les vingt-huit Nakchatras, constellations ou astérismes lunaires, portent les noms de :

Açvinī (α, β, γ d'Ariès), Bharanī (35 et 41 d'Ariès), Krittikas (Alcyon, 23 et 27 du Taureau), Rohinī (Aldebaran), Mrigaçīras (λ, φ^1, φ^2 d'Orion), Ârdrâ, Pounarvasou (β des Gémeaux), Pouchya (δ, γ, ς Cancer), Âçléchā (ε de l'Hydre et α du Cancer), Maghā (ζ, γ, η, α du Lion), Phalgounī (δ et ς du Lion), Outtaraphalgounī (β du Lion), Hastā (δ et γ du Corbeau), Tchitrā (α de la Vierge), Svātī (Arcturus), Viçākhā (ι, α, ϰ de la Balance), Anourādhā (β, δ, π du Scorpion, Djyêchthā (α du Scorpion), Moulā (λ du Scorpion), Achādhā (δ et ε du Sagittaire), Outtarāchadhā (σ et τ du Sagittaire), Abhidjit (α de la Lyre), Çravana (γ, α, β de l'Aigle), Çravichthā (α, β, γ, δ du Dauphin, Çatabhichadj (λ du Verseau), Bhādrapadā (α, β de Pégase), Outtarabhādrapadā (γ de Pégase et α d'Andromède), Révatī (ζ des Poissons). Parmi elles Baranī, Ārdrā, Āçléchā, Moulā, Outtarabhādrapadā sont néfastes, tandis que Pouchya est indécise.

La Grande-Ourse ou Saptarsis — ainsi nommée parce que ses sept étoiles sont consacrées aux grands Richis, fils de Pradjāpati, Marītchi, Atri, Angiras, Poulaha, Kratou, Poulastya, Vasichtha — est toujours propice.

Nous ne devons pas oublier que, si favorable que soit le caractère d'un astre, il peut toujours avoir une influence funeste par suite de sa conjonction ou de son opposition avec quelque autre corps céleste lui-même peut-être très propice de sa nature.

Pour leurs calculs astronomiques et astrologiques et pour leur comput religieux, les Indous se servent de cinq sortes d'années :

Année solaire, de 365 jours, commençant par le mois de Vaiçākha (avril-mai);

Année terrestre, Sāvana, de 360 jours qui sert pour les rites et cérémonies quoditiens;

Année de Jupiter, Vrihaspati, de 361 jours;

Année sidérale de 324 jours, employée exclusivement par les astronomes;

Année lunaire de 354 jours, avec un mois complémentaire tous les trois ans, sur laquelle sont réglées et fixées toutes les cérémonies religieuses.

Chacune de ces cinq sortes d'années peut être bonne ou mauvaise suivant sa place dans le cycle chronologique de douze ou de soixante ans; alternatives dont les astrologues doivent tenir compte. Mais dans leurs calculs, ils ne se servent que de l'année sidérale, de l'année de Vrihaspati, et surtout de l'année lunaire, la plus ancienne, et la plus couramment usitée par toutes les classes de la société.

Quelle que soit sa nature, l'année est divisée en deux demi-années commençant, l'une à l'entrée du soleil dans le signe du Cancer, l'autre à son entrée dans le signe du Capricorne: la demie année où les jours grandissent est bonne, celle où ils diminuent est mauvaise.

Elle est subdivisée de plus en six saisons:

Vasanta, printemps; Griçma, été; Varça, mousson, saison des pluies; Sarad, automne; Hémanta, hiver; Çiçira, saison fraîche. Grichma et Hémanta sont de valeur médiocre; Varça est toujours une saison de mauvais augure.

Les douze mois, qui se nomment Vaiçākha (avril-mai), Djyêchtha (mai-juin), Achadha (juin-juillet), Çrāvana (juillet-août), Bhādra (août-septembre), Açvina (septembre-octobre), Kārttika (octobre-novembre), Mārgaçīrcha (novembre-décembre), Paucha (décembre-janvier), Māgha (janvier-février), Phālgouna (février-mars), Tchaitra (mars-avril), — sont partagés en deux demi-mois, appelés quinzaine claire, de la nouvelle à la pleine lune, et quinzaine obscure, de la pleine à la nouvelle lune. La quinzaine obscure est néfaste.

Le jour se subdivise en 60 ghatikas, ou heures de 24 minutes, la ghatika en 60 kalas, le kala en 60 vikalas. Deux ghatikas font la mesure du temps, appelée Mouhourta, qui est employée par les astronomes pour la fixation des sacrifices. Mais le calendrier lunaire indien présente cette particularité curieuse que ce qu'il appelle jour, ou plus exactement *tithī*, est une mesure de temps arbitraire et variable calculée de manière à concorder avec les variations de la vitesse de translation de la lune. Les mois lunaires se composent alternativement de 29 et 30 de ces tithîs, dont la durée varie de 32 à 78 ghatikas. Il en résulte que certaines tithîs comprennent deux levers de soleil, tandis que d'autres n'en ont point. Ces dernières sont particulièrement néfastes. Il est bien entendu que par des pratiques et des cérémonies appropriées, on peut toujours éviter ou atténuer les dangers de leur mauvais présage.

Si l'astrologie a été cultivée dans l'Inde, il ne paraît pas en être de même de la Divination, sauf l'interprétation des songes et des présages fournis par les phénomènes naturels. Les devins, ici, sont les saints, les ascètes, qui grâce au pouvoir surnaturel que leur confère leur perfection peuvent voir dans le passé et lire dans l'avenir, les brâhmanes investis par le privilège de leur naissance et par leurs profondes études de la science universelle. Leurs prédictions se rapportent le plus souvent au destin d'outre-tombe et c'est rarement qu'ils annoncent bonheur ou malheur terrestre à ceux qui les consultent, sauf quand il s'agit de l'interprétation des songes, pour ainsi dire obligatoires, qui présagent la venue et la destinée d'un grand homme. Il semble toutefois, qu'en vue de préjuger du résultat des requêtes adressées aux Dieux, on ait prêté attention à certains présages tirés de la façon dont le feu sacré s'allume et brûle et de la manière dont se comportent les victimes. De même aussi on tient généralement pour très mauvais augure si le tonnerre tombe sur une maison, si un vautour ou une grue se perche sur le toit, si des chacals ou des hibous se logent dans une habitation, si un chacal hurle dans le jardin, si des corbeaux croassent, et pour prévenir tout malheur on se hâte de célébrer la cérémonie Abhutachanti et un holocauste en l'honneur de Brahmā et de tous les Dieux, sans oublier bien entendu le patron tutélaire de la famille. Le tremblement de l'œil ou des membres gauches est aussi un très mauvais présage, signe de mort, de captivité, d'accident ou d'insuccès; le tremblement de l'œil et des membres droits est au contraire d'heureux augure.

En Chine également l'astrologie est tenue en grand honneur, et cela se comprend aisément étant donné que les astres y sont divinisés ou bien considérés comme les demeures d'être divins et de saints qui naturellement peuvent exercer leur puissance pour le bien ou le mal des humains. Ces croyances constituaient même si bien le fond de la religion primitive que Confucius lui-même a reculé devant leur condamnation absolue, et a toléré l'usage de l'astrologie et de la divination, peut-être plutôt par respect pour d'anciennes coutumes que par foi en ces manières de consulter la volonté divine et de dévoiler les secrets de l'avenir.

L'astrologie chinoise est tout entière entre les mains des ministres du culte taôique, dont les plus grands saints sont des astrologues et des alchimistes. Elle repose sur trois principes: 1° le Ciel gouverne la terre; 2° le Ciel et la Terre exercent une action sur tous les être vivants, et il est possible à l'homme de faire servir cette influence à son profit; 3° le sort des vivants dépend également de la bienveillance et de l'intervention des esprits des morts.

Beaucoup plus compliquée que l'astrologie indienne (dont elle reproduit d'ailleurs beaucoup de procédés), pour établir ses pronostics l'astrologie chinoise doit tenir compte des influences propres ou relatives du soleil, de la lune, des douze signes du zodiaque, des vingt-huit constellations, des cinq planètes (Jupiter, Mars, Vénus, Mercure et Saturne), des sept étoiles de la Grande-Ourse, des neuf étoiles du Boisseau (parmi lesquelles figure l'étoile polaire), des cinq éléments (bois, feu, terre, métal et eau) agents terrestres des planètes, des esprits des morts, et enfin des démons qui sont d'autant plus gênants qu'ils changent fréquemment de résidences.

Tous ces principes divers, les uns propices, les autres néfastes par eux-mêmes, se modifient mutuellement en bien ou en mal par le fait de leur conjonction à un moment ou à un endroit donné. Telle est particulièrement le cas pour les cinq éléments, qui possèdent les relations d'attraction et d'aversion suivantes :

l'eau est la mère du bois ;
le feu est le fils du bois ;
le fer est l'ennemi du bois ;
la terre est l'amie du bois ;
le fer est la mère de l'eau ;
le bois est le fils de l'eau ;
la terre est ennemie de l'eau ;
l'eau est fille du fer ;
le feu est l'ennemi du fer ;
l'eau est l'amie du fer ;
le feu est la mère de la terre ;
le fer est fils de la terre ;
le bois est ennemi de la terre ;
le fer est ami de la terre.

On comprend que, dans ces conditions, il faille à l'astrologue une science profonde et très variée pour déterminer la part qui revient à chacun de ces principes, et reconnaître le résultat de ces influences multiples. Il peut du reste appeler à son aide les nombreux traités écrits sur la matière.

Il lui faut aussi une non moins grande habileté pour découvrir les moyens propres à conjurer les présages dangereux. La lutte contre les mauvais présages constitue pour lui une source importante de revenus qu'il n'a garde de négliger : tout le monde sait qu'il est bien rare que les astres se montrent inexorablement défavorables à un consultant suffisamment généreux. Un astrologue qui s'apprécie à sa juste valeur ne résiste jamais à faire céder les lois du destin aux arguments, d'une éloquence irrésistible, des espèces sonnantes.

Autant, si non plus que l'astrologie, à laquelle elle se rattache du reste intimement par leur but commun de révéler l'avenir, la Divination est en honneur en Chine, et ses interprètes, comme ceux de l'astrologie, constituent une classe aussi nombreuse qu'importante du clergé taôiste. On peut dire, sans être taxé d'exagération, que tous les Chinois ont presque journellement recours à ses pronostics; aucun d'eux ne consentirait à entreprendre un voyage ou une affaire de quelque importance sans avoir au préalable interrogé le destin. On a, du reste, pour les satisfaire de nombreux procédés, dont les principaux sont : la divination par les blocs, par les baguettes, par le Yi-King, par l'écaille de tortue, par l'omoplate de mouton, par l'herbe *tsi*, par l'interprétation des premières paroles entendues en sortant de chez soi.

Les blocs divinatoires sont deux morceaux de bois taillés dans la forme d'un haricot partagé par le milieu. Une de leurs surfaces est plane, l'autre convexe. Pour s'en servir le consultant les prend dans ses mains et, après avoir prononcé les invocations voulues, les jette par terre devant lui. Si les deux blocs tombent sur leur partie plane, la réponse est favorable; s'ils tombent du côté convexe, elle est mauvaise; si l'un tombe face et l'autre pile, la solution est indécise et il faut s'abstenir de l'affaire projetée, ou bien recommencer l'opération. Les blocs faits avec le bois d'un arbre frappé par la foudre passent pour être beaucoup plus efficaces que les autres.

Pour consulter l'avenir par les baguettes, un

prêtre taôiste prend un cornet rempli de baguettes de bambou, chacune marquée de deux caractères, et agite le cornet de manière à en faire sortir une baguette. A l'aide des deux caractères dont elle est marquée, il trouve la réponse à la question posée dans des tables dressées à cet effet. Quelquefois c'est le consultant lui-même qui tire au hasard une baguette du cornet.

Le Yi-King, vous le savez, est le plus ancien livre de la Chine : livre très obscur, dont tous les philosophes, les astrologues, voire les maîtres en politique se sont efforcés d'expliquer le sens, sans du reste parvenir à se mettre d'accord, et qui n'est peut-être, tout simplement, qu'un vieux dictionnaire des diverses significations des soixantequatre combinaisons des *Koua*, premiers caractères ou idéogrammes de la langue chinoise. En raison de son antiquité et de son incompréhensibilité, de temps immémorial on en a fait un livre de divination, qu'on consulte en l'ouvrant à l'aide d'une lamelle de bois ou d'ivoire. La réponse se trouve dans la première phrase sur la page droite.

La divination par l'omoplate de mouton consiste à mettre un os de cette nature, soigneusement nettoyé, dans un brasier: la réponse du destin se lit dans les craquelures que produit la chaleur. Le procédé est à peu près identique quand il s'agit de l'écaille de tortue.

Quand à l'herbe *tsi*, on lui fait rendre son oracle en en jetant par terre une poignée, ou un nombre déterminé de brins, et en étudiant ensuite la manière dont ils se sont croisés, surperposés ou éparpillés.

L'omoplate de mouton et l'herbe *tsi* sont les procédés de divination les plus usités chez les Mongols.

Au point de vue du sujet qui nous occupe, le Tibet est un pays particulièrement favorisé : nous y voyons, en effet, fleurir à la fois tous les procédés d'astrologie et de divination en usage dans l'Inde et la Chine, sans compter nombre d'autres qui appartiennent en propre à l'ancien fond du Chamanisme tibétain.

L'astrologie, la sorcellerie et la divination y sont pratiquées par les Lamas, principalement ceux de la Secte Nyingmapa, ou Lamas rouges. Ces soi-disant sciences sont enseignées ouvertement dans plusieurs monastères, en particulier ceux de Garmakhya, de Morou, de Saskya, véritables universités de sciences occultes où l'on prend ses grades en astrologie et magie absolument comme dans les autres branches des sciences religieuses.

Ces astrologues diplômés portent le nom de *Tch'os-Skyong* « défenseur de la foi », ou de *Tsikhan*. En règle générale, il y en a au moins deux dans chaque monastère.

Il y a aussi des Lamas astrologues qui exercent en dehors des monastères, dans les villes et les villages ; mais, très peu considérés, ils ont la réputation d'être fort ignorants : ce sont, pour la plupart, des fruits secs des monastères, incapables de subir les examens requis pour l'ordination, ou bien des religieux chassés pour cause d'inconduite.

La secte orthodoxe des Gélougpas affecte de tenir en profond mépris les sciences occultes qu'elle désigne en bloc par le terme *tarni;* mais néanmoins la pression populaire l'a obligée à les enseigner, elle aussi, et à entretenir un astrologue dans chacun de ses monastères. Pour leur excuse, les Gélougpas prétendent que chez eux l'enseignement de ces matières est pur, c'est-à-dire rigoureusement restreint aux pratiques mentionnées et expliquées dans les écritures saintes orthodoxes.

Ils ont même un astrologue d'Etat, le *Na-tch'un*, personnage de haut rang et très vénéré, à qui on rend des honneurs presque égaux à ceux que reçoivent les Dalaï-Lamas.

L'astrologie lamaïque s'inspire de celle de l'Inde quand il s'agit de déterminer les jours et heures propices aux fêtes religieuses, de tracer un horoscope de naissance, de chercher dans quelle condition bonne ou mauvaise tel ou tel individu renaîtra; elle suit l'astrologie chinoise pour les horoscopes de mariage, pour déterminer la durée de la vie d'un individu, les époques heureuses ou malheureuses d'une existence et leurs causes.

Pour s'aider dans les calculs minutieux et difficiles qu'exigent ces problèmes, les Lamas se servent de tables diverses dont les plus usuelles se nomment: *Gab-rtsis* « calculs cachés », relatives au calendrier; *Grub-rtsis* « parfaite astronomie » indiquant le caractère et l'influence des planètes; *Ts'é-rab las-rtsis* pour déterminer la durée de la vie et la destinée d'un individu; *Bag-rtsis*, pour les mariages; *Gçin-rtsis* servant à chercher dans quelle condition un mort se réincarnera; *Nak-rtsis* indiquant les époques heureuses ou malheureuses de l'existence d'un individu, leurs causes et les moyens de remédier aux mauvais présages.

Comme on peut s'y attendre, étant donné l'ignorance et le caractère superstitieux de ses habitants, la Divination joue un très grand rôle au Tibet. Nous y retrouvons tous les procédés usités en Chine avec, en plus, un grand nombre de pratiques purement indigènes, dont nous ne pouvons indiquer que les principales.

Divination au moyen de cartes, ornées de peintures et de sentences fatidiques et munies d'un fil qui sert à en faire sortir une du paquet.

Divination au moyen du chapelet que l'on saisit, les yeux fermés, des deux mains ; le nombre des grains se trouvant entre les mains donne lieu à six bonnes combinaisons, une indécise et deux mauvaises.

Divination au moyen de quinze grains ou petits cailloux blancs et un seul noir que l'on jette au hasard sur un damier à cases numérotées ; on a la réponse de l'oracle en cherchant dans une table ad-hoc le numéro de la case où s'arrête le caillou noir.

Divination au moyen de deux ou trois dés à six faces jetés sur un tapis où est dessiné une fleur de lotus triple, dont chaque pétale porte un numéro correspondant à ceux d'un manuel de divination intitulé : « Celui qui voit toutes les actions » ; ou bien avec un seul dé en bois qu'on jette sur un tapis, assez semblable à un *jeu de l'oie*, sur lequel sont peintes différentes scènes de la vie.

Est-il nécessaire de le dire? les réponses des tables et des manuels de divination sont toujours conçues dans des termes assez ambigus pour pouvoir autoriser plusieurs interprétations, de manière à satisfaire le consultant et à ne pas compromettre l'oracle.

Astrologie et divination, comme vous le voyez, se présentent partout à peu près sous les mêmes formes, avec les mêmes procédés. Mais nous sommes bien obligés d'avouer, surtout en ce qui concerne l'Extrême-Orient, que ces procédés et leurs explications sont très obscures pour nous. Les astrologues sont jaloux de garder rigoureusement le secret de leurs opérations et de leurs calculs et on ne peut songer à leur demander de nous les révéler. Nous possédons bien des livres qui traitent de ces sujets; mais la traduction en est si difficile et si incertaine qu'ils resteront à peu près incompréhensibles tant que nous n'aurons pas pour nous diriger des guides initiés à leurs mystères.

CONFÉRENCE DU 24 FÉVRIER 1901

TRIADES ET TRINITÉS

Mesdames, Messieurs,

Il est impossible d'ouvrir un livre quelconque traitant de religion sans y rencontrer les termes de *Trinité* et de *Triade*, celui surtout de Trinité, beaucoup plus généralement connu que l'autre, et que trop souvent on emploie comme son synonyme. Il y a là un abus qui touche à l'erreur, car ces deux expressions ont une valeur réelle très différente.

Une *Triade* est un groupe de trois personnages divins, se complétant l'un par l'autre, associés dans un même but et coopérant à la même œuvre, mais conservant toujours leur personnalité distincte.

Une *Trinité* est la triple manifestation d'une divinité unique, soit dans des fonctions distinctes, soit avec des attributs divers, soit dans des milieux différents, mais qui conserve toujours son unité de nature originelle quelque forme qu'elle revête.

Les Triades se rencontrent dans toutes les religions de l'antiquité, et dans beaucoup on trouve aussi des Trinités, mais plus rarement, en raison sans doute de la forme polythéiste des croyances antiques et aussi de la nature abstraite qui s'attache à de pareilles conceptions, et au fond, peut-être, la plupart des Triades se résoudraient en Trinités s'il nous était donné de connaître exactement l'origine primitive des dieux qui les composent.

C'est ainsi que nous rencontrons en Egypte, les groupes ternaires : Ptah, Sekhet, Imhotep, — Osiris, Isis, Horus, — Ammon, Maut, Khons ;

En Grèce, ceux de : Ouranos, Kronos, Zeus, — Zeus, Poséidon, Hadès, — Artémis, Séléné, Hécate ; la Triple Hécate, les Charites ou Grâces, les Kères ou Parques ; le triple Géryon ; le Cerbère à trois têtes, farouche gardien des enfers ;

A Rome, des groupes identiques ou assimilés à ceux de la Grèce et les *Matres* que l'on peut, peut-être, identifier à Junon, Lucine et Ilithie ;

En Gaule, les triades : Cernunos, Apollon, Mercure ; Dispater, ou Taranis, et deux autres divinités jusqu'à présent indéterminées ; les Matrones, surtout fréquentes sur les bords du Rhin ; enfin de nombreux Tricéphales, qui sont sans doute de véritables trinités ;

Chez les Germains et les Scandinaves, la triade créatrice de la race humaine, Odin, Hoenir, Lodur, et les Vierges Thurses ou Nornes ;

Chez les Slaves : Bog, Zeerneboh, Belboh ; et Triglav, le dieu tricéphale de la Baltique ;

En Chine : les San-thsing ; les San-Koan ; les trois dieux du bonheur ;

Au Japon une triade créatrice ;

Dans l'Inde : le triple Agni ; Agni tricéphale ; Agni, Vâyou, Soma ; Agni, Vâyou, Soūrya ; Agni, Indra, Soūrya ; Soūrya, Vidyout, Agni ; Mitra, Varouna, Aryaman ; les Ribhous ; la Trimourti ; les triades ou trinités bouddhiques, Bouddha, Dharma, Sangha ; Vairotchana, Samantabhadra, Krakoutchanda ; Akchobhya, Vadjrapāni, Kanakamouni ; Ratna-Sambhava, Ratnapāni, Kāçyapa ; Amitābha, Avalokitēçvara, Gautama ; Amoghasiddhi, Viçvapāni, Maitréya.

Mais ce n'est pas tout de constater l'existence de ces nombreuses triades ou trinités, il s'agit d'essayer de déterminer leur origine et la raison d'être de cette conception étrange et cependant si universelle.

Laissant de côté la Chaldée et l'Assyrie dont les antiques religions nous sont encore trop peu connues pour que nous puissions en tirer autre chose que des hypothèses, voyons ce que l'Égypte, avec ses merveilleux monuments où s'étalent gravées sur la pierre dix mille années d'histoire, apporte de lumière au sujet qui nous occupe.

Je ne vous apprendrai rien en vous disant que la civilisation égyptienne est une des plus anciennes du monde. Elle est si ancienne, même, que ses monuments les plus archaïques nous la montrent déjà parfaite à l'époque où nos ancêtres européens erraient probablement à l'état sauvage dans leurs forêts, disputant à grand peine aux fauves leur misérable existence, et cette perfection, qui suppose de longs siècles de tâtonnements, d'efforts et de progrès, nous laisse brusquement en présence d'un abîme vertigineux d'inconnu.

Sous son apparente simplicité, sa religion cache une élaboration déjà très avancée dont on ne voit plus, dont on peut à peine soupçonner les étapes primitives. J'ai cependant confiance qu'un jour viendra, prochain je l'espère, où d'une comparaison méthodique de ses vieux textes sortira enfin la révélation de la conception première qui a été le point de départ de son évolution, de la notion concrète qui a donné naissance à l'idée abstraite, sous son naturalisme, du mythe solaire dont nous constatons la prédominance, aussi loin que nous puissions remonter.

Le Dieu suprême, créateur, protecteur, bienfaisant, est toujours le soleil, sous les noms divers de Ptah, Osiris, Ammon qu'il reçoit à des époques successives, dans des centres religieux différents. Les légendes de ces trois Dieux peuvent varier dans leurs détails, elles restent identiques quant au fond et à leur objet primitif.

Parce qu'il est créateur et générateur ce Dieu suprême, de quelque nom qu'on l'appelle, reçoit toujours le titre de « Père », et par une conception naturaliste très primitive et à peu près générale, son œuvre créatrice est assimilée à un engendrement, au résultat d'un mariage. On lui donnera donc une épouse, dans la personne d'une déesse (Sekhet avec Ptah, Isis avec Osiris, Maut avec Ammon), et de leur union naîtra un fils continuateur de l'œuvre du Père, car il est à remarquer que l'idée d'éternité de vie et même d'immortalité n'entre pas dans la conception du Dieu suprême. Le soleil père meurt chaque soir, et chaque matin il renaît en son fils. D'abord principe mâle et générateur, le Dieu Père, devient essence de vie et peut-être esprit ; tandis que la déesse, à la fois sa mère, son épouse et sa fille, représente la fécondité de la nature, et postérieurement l'énergie active du dieu.

Voilà donc la triade constituée sous la forme familiale où elle se présente toujours en Egypte.

Après l'Égypte la Chine est la contrée de l'ancien monde qui possède historiquement la civilisation la plus antique. Nous fournira-t-elle les données nécessaires à la solution de notre problème ?

Le peu que nous savons sur ses croyances primitives ne nous permet pas de croire ni de nier absolument qu'elle ait connu le système des triades et des trinités. Cependant le Taôisme, qui a la prétention de représenter l'antique religion antérieure aux réformes de Confucius et à l'influence du Bouddhisme, possède bien trois triades :

San-thsing « les Trois Purs », triade éternelle préposée à la direction suprême et surtout spirituelle de l'univers, composée de Oang Thien Chang-ti, Huen Thien Chang-ti et Laô-tseu, le fondateur du Taôisme. On pourrait à la rigueur la dénommer

Trinité, puisque les deux premiers de ses membres sont des entités abstraites personnifications ou esprits du ciel, et que le troisième, le philosophe Laô-tseu, passe pour une incarnation du premier.

San-Koan « les Trois Directeurs », triade formée par Ti-Koan, le directeur du ciel, Té-Koan, le directeur de la terre, Soui-Koan, le directeur de l'eau, et chargée de la direction matérielle du monde.

Enfin la triade du Bonheur : Fo, le dieu qui donne une nombreuse postérité, Lo, dieu de la richesse, du rang et des honneurs, Cho, dieu de la longévité.

Mais une étude un peu sérieuse de la mythologie taôiste nous convainct bientôt que ces triades étaient inconnues du temps de Confucius, que leur origine est relativement assez récente et que les Taôistes les ont faites à l'image des triades bouddhiques, la première correspondant au Tri-Ratna « Trois Joyaux », la seconde aux Bouddhas des trois âges, passé, présent, futur.

Ce n'est donc pas non plus la Chine qui peut nous éclairer sur l'origine des triades, et encore moins le Japon avec sa trinité shintôiste composée des trois grands dieux éternels qui présidèrent à la formation du monde : Amé-no-mi-naka-noushino-Kami « Dieu maître du centre auguste du Ciel », Taka-mi-mousou-bi-no-Kami « grand et auguste Dieu merveilleux producteur » et Kami-mousou-bi-no-Kami « Dieu merveilleux producteur », les deux derniers émanations de l'essence du premier. Car si nous considérons que cette trinité ne se rattache en rien à la manière naturaliste dont sont conçus les autres Kamis ou Dieux, et qu'aussitôt l'œuvre de la création chaòtique accomplie elle rentre dans l'ombre pour n'en plus sortir, nous arrivons fatalement à la conclusion qu'elle a été imaginée pour présider à une création dont les premières traditions du Japon ne semblent pas se soucier, qu'elle a dû être imitée de la trinité San-tsing des Taòistes et entrer dans la mythologie du Shïntô à la suite de la pénétration de la civilisation et des idées philosophiques chinoises, c'est-à-dire entre le troisième et le huitième siècle de notre ère, date de la composition du Koziki, le premier livre où il en soit fait mention.

Serons-nous plus heureux avec la Grèce, cette grande éducatrice de notre Occident ? Ici encore la mythologie et la tradition classiques sont impuissantes pour rendre compte de l'origine, de la nature et du rôle des triades, comme elles le sont, du reste, également pour expliquer la plupart des autres mythes ; impuissance dont les anciens Grecs eux-mêmes se sont aperçu, ainsi qu'en témoignent leurs tentatives d'explications par des origines phéniciennes et égyptiennes. Mais le système familial de la triade égyptienne est insuffisant, voire même inapplicable, pour expliquer les triades grecques. Tout au plus pourrait-il s'appliquer aux triades Ouranos, Géa, Kronos et Kronos, Rhéa, Zeus, et à quelques groupes secondaires, de la main gauche pourrait-on dire, tels que Zeus, Sémélé, Bacchos, ou Zeus, Alcmène, Héraclès.

C'est à d'autres sources qu'il faut puiser pour obtenir sinon la solution, du moins une explication plausible du problème que nous nous sommes posé. Essayons donc de la chercher dans l'Inde dont la mythologie a tant de rapports avec celles de tous les peuples Indo-européens qu'on peut hardiment leur supposer une origine primitive commune.

Tout d'abord, ce qui frappe dans la mythologie indienne c'est l'importance énorme donnée au sacrifice. Il est l'origine, le créateur de toutes choses, mondes, êtres, Dieux mêmes que Pradjàpati a créés par ses sacrifices, qui ont acquis la puissance et l'immortalité par les sacrifices qu'ils ont accomplis. Des textes des Brâhmanas vont même jusqu'à dire que Pradjāpati, le créateur suprême, est le sacrifice en personne.

Or le sacrifice comprend trois éléments indispensables : le feu, le vent, l'oblation. Ces éléments sont naturellement personnifiés par trois Dieux : le feu, par Agni ; le vent, qui l'active, par Vāyou ; l'oblation, qui consistait d'abord exclusivement en une libation de matières alcooliques ou grasses, par Soma. Nous voici donc en présence d'une première triade, représentant le sacrifice : Agni, Vāyou, Soma.

Agni, le feu, l'élément primordial, indispensable du sacrifice, le mâle par excellence, le producteur, le générateur de tout, est le plus grand de tous les Dieux védiques ; son importance s'affirme par le fait que près de la moitié des 1017 hymnes du Véda lui sont consacrés. Non seulement il est le plus grand des Dieux, il est tous les Dieux.

Mais le feu n'est pas seulement sur la terre ; il existe dans l'atmosphère sous la forme de l'éclair, et dans le ciel comme soleil, et ces trois feux identiques malgré leurs places différentes, sont toujours Agni, le Triple Agni, Agni trinité,

Dans les hymnes de Rig-Véda, l'éclair est personnifié par Indra « l'ardent » (assimilé textuellement à Agni dans plusieurs hymnes) et le soleil par Soūrya. Les trois feux des trois mondes seront donc également représentés, par la triade : Agni, Indra, Soūrya, identique au Triple Agni ; ou bien encore, — Indra étant remplacé par Vidyout (un autre nom de l'éclair) — par une nouvelle triade, toujours de valeur semblable : Soūrya, Vidyout, Agni. Quelquefois aussi Vāyou est pris comme substitut d'Indra pour représenter le monde atmosphérique, ce qui nous donne la triade : Agni, Vāyou, Soūrya, que l'on pourrait interpréter mystiquement dans un sens semblable à la Trinité chrétienne, Agni « père », Vāyou « souffle, esprit », et Soūrya « fils ».

Mais là ne se borne pas la valeur ternaire d'Agni ; il est présent dans les trois feux sacrés du foyer domestique, appelés Ahavanya, Dakchina et Garhapatya.

Cette triplicité presque perpétuelle est sans doute cause que, plus tard, on a représenté Agni avec trois têtes : il est d'ailleurs souvent parlé des trois têtes d'Agni, et peut-être devons-nous voir là l'origine ou tout au moins l'équivalent des divinités tricéphales des autres mythologies indo-européennes. En ce qui le concerne on peut dire sans trop risquer de se tromper que ses trois têtes représentent ses flammes, image que l'on rencontre déjà dans la comparaison d'Agni à un taureau : les cornes sont ses flammes, son mugissement est le grondement du tonnerre.

Le Rig-Véda nous fournit encore une autre triade, équivalente à celles que nous venons de décrire, sous la forme Mitra, Varouna, Aryaman : Mitra « l'ami » est, vous le savez, un des noms du soleil, Varouna, le grand dieu du ciel, remplace Indra, et Aryaman, son frère, est le substitut d'Agni. N'oublions pas que plusieurs hymnes identifient explicitement ces trois dieux à Agni.

Un autre exemple de triade védique nous est donné par le groupe des Ribhous, personnages énigmatiques, déclarés experts dans les arts, que l'on a simplement désignés d'abord par les expressions, « l'un, l'autre, l'autre », puis par celles de « l'aîné, le cadet, le plus petit » et à qui enfin on a donné les noms de Ribhou, Vibvan « richesse » et Vādja « force ».

Dans sa forme la plus récente, l'Indouisme, la religion de l'Inde nous offre encore une triade ou trinité dans la fameuse Trimourti qui réunit les trois Dieux Brahmā, Vichnou et Çiva : triade si l'on considère Brahmā, Vichnou et Çiva comme des créations personnelles de l'âme universelle ; trinité, si l'on tient avec les Indous que Vichnou ou Çiva (chacun respectivement pour ses adorateurs particuliers) représente l'âme universelle, et que les deux autres ne sont que ses émanations.

D'un autre côté les Brâhmanes identifient Vichnou au feu Ahavanya, Brahmā au feu Dakchina, et Çiva au feu Garhapatya, qui, nous venons de le voir, correspondent au Triple Agni terrestre ; ou bien encore assimilent Vichnou à Soūrya, Brahmā à Vāyou et Çiva à Agni, ce qui nous ramène à la triade védique Soūrya, Vāyou, Agni.

Avec le Bouddhisme nous sortons des conceptions naturalistes et liturgiques pour entrer dans le domaine de l'abstraction. Ses divinités, y compris les Bouddhas, ne personnifient plus des phénomènes, mais des idées. Au cours du développement et de l'évolution de la philosophie bouddhique primitive en religion, on leur a cependant appliqué la légende des anciens mythes ignés et solaires passés dans l'esprit du peuple indien à l'état de tradition intangible ; mais comme un vêtement transparent cette légende les couvre tout en laissant deviner leur véritable nature.

Le Bouddhisme a fait grand usage des triades

et des trinités. C'est d'abord la trinité fondamentale, Bouddha, Dharma, Sangha, qui personnifie la religion bouddhique dans ses trois éléments : le Dharma, la loi éternelle, immuable, essence et cause primordiale de toutes choses ; le Bouddha qui l'enseigne ; le Sangha, c'est-à-dire l'Eglise, qui la conserve, l'enseigne à son tour et la propage. Puis vient la triade des Bouddhas du passé, du présent et du futur, personnification du temps infini, et enfin le groupe des Dhyāni-Bouddhas éternels, personnifiant les cinq intelligences, les cinq vertus primordiales, les cinq éléments, les cinq sens, les cinq prescriptions fondamentales, qui constituent cinq triades avec les Dhyāni-Bodhisattvas, personnifications de leur énergie active, et les Mānouchi-Bouddhas (Bouddhas humains) inspirés par eux ou émanés d'eux afin de mettre en pratique leurs intelligences et leurs vertus pour le bien et le salut des êtres. De ces cinq triades, ou plutôt trinités, conceptions métaphysiques abstraites, la première — Vairotchana, Samantabhadra, Krakoutchanda — personnifie l'Intelligence de la Loi ; la seconde — Akchobhya, Vadjrapāni, Kanakamouni — l'action ; la troisième — Ratnasambhava, Ratnapāni, Kāçyapa — la bonté ; la quatrième — Amitābha, Avalokiteçvara, Gautama ou Çākyamouni — la charité ; la cinquième — Amoghasiddhi, Viçvapāni, Maitréya — l'amour du prochain.

Voyons maintenant s'il est possible d'interpréter les mythes des triades européennes à la lumière des idées indiennes, tentative qu'autorise la parenté reconnue des races indo-européennes, et prenons pour commencer les deux premières triades grecques : Ouranos, Géa, Kronos, et Kronos, Rhéa, Zeus.

L'explication traditionnelle de ces mythes nous apprend qu'Ouranos est le ciel, Géa la terre, Kronos un dieu énigmatique, d'origine phénicienne, qu'on assimilerait volontiers au Temps, Chronos, si son nom s'écrivait avec un X au lieu d'un K, époux de Rhéa, également la terre, et père de Zeus, un autre ciel, ou Dieu du ciel. Jusqu'à un certain point, cette interprétation est acceptable en ce qui concerne Ouranos et Géa, plusieurs mythologies primitives — entre autres celles de la Chine et peut-être aussi de l'Egypte — faisant résulter la création du mariage du Ciel et de la Terre, mais elle est impuissante à expliquer Kronos ; car il serait aussi absurde d'admettre l'intrusion irraisonnée d'un dieu phénicien dans ce mythe que d'attribuer aux Grecs, même primitifs, l'imagination baroque de faire détrôner le Ciel par le Temps devenant ciel à son tour.

Qu'est-ce donc que Kronos! Il est le frère des Titans, géants qui plus tard disputeront le trône à son fils et ont une ressemblance frappante avec les Asouras de la mythologie indienne, comme eux frères des grands dieux avec lesquels ils sont continuellement en lutte pour la conquête du ciel et la possession de l'Amrita ou Ambroisie. On lui donne le nom de γέρων « l'ancien, le vieux » à rapprocher du sanscrit *Kala* « Temps », épithète du Çiva (feu ou soleil destructeur) indiquant qu'il existait avant toutes choses. Il est l'époux de Rhéa, non la terre, comme le veut la tradition, mais ainsi que le prouve l'étymologie de son nom, une personnification des eaux, « Celle qui coule », qui nous rappelle Sarasvatī, la libation devenue l'épouse de Brahmā. Enfin, quand dans son égoïsme jaloux il supprime ses enfants à mesure qu'ils naissent, il ne les mange pas, comme le prétend une traduction inexacte du vers d'Hésiode, mais il les *boit* (κατέπινε). Tous ces détails nous ramènent aux attributions et aux descriptions connues des Dieux védiques ignés et solaires, et de ces divers rapprochements réunis on peut conclure, je crois, avec quelque apparence de raison que Kronos a été primitivement une personnification du feu terrestre ou céleste, puis un soleil.

Si, de plus, nous considérons, d'un côté, qu'Ouranos, comme nom et fonctions, correspond presque trait pour trait à Varouna, que nous avons vu se confondre avec Agni ; de l'autre que Géa peut s'identifier avec Pārvati, la terre, mais aussi le sol où s'accomplit le sacrifice, et qu'enfin Zeus « le brillant » (sanscrit Dyôs, de la racine *div* « briller ») est incontestablement un Dieu lumineux analogue, si non identique à Indra, nous pouvons admettre l'hypothèse qu'Ouranos, Kronos et Zeus représentent la succession d'anciens feux ou soleils remplacés par un feu ou soleil jeune [1].

Traitée de la même manière la triade Zeus, Poséidôn, Hadès, les trois frères célestes qui se partagent l'empire du monde, prend un sens plus rationel et plus naturel au lieu de la fantaisie arbitraire qui, sans raison apparente assigne à l'un l'empire du ciel et de la terre, à l'autre celui des eaux et au troisième celui de l'enfer.

[1]. P. Regnaud : Premières formes de la religion et de la tradition dans l'Inde et la Grèce.

Pour vous rendre cette interprétation lucide, je crois ne pouvoir mieux faire que de vous citer in extenso le passage que M. Regnaud consacre à ces dieux dans ses « Premières formes de la religion et de la tradition dans l'Inde et la Grèce :

« C'est aussi dans le Rig-Véda que nous trouvons les premiers délinéaments du mythe de Zeus et de ses deux frères, Poséidôn et Hadès, avec lesquels il partage l'univers. Alors qu'il obtient le large Ouranos, qui est dans l'éther et dans les nuages, Poséidôn reçoit l'empire de la mer et Hadès a pour lot les ténèbres infernales. Dans l'ébauche védique du mythe, l'auteur nous représente le feu du sacrifice personnifié dans trois frères dont l'un est un brillant sacrificateur (Zeus qui trône dans le ciel); celui du milieu est occupé à goûter la liqueur sacrée et deviendra dans l'Iliade le dieu qui a l'océan pour royaume et pour siège; enfin le troisième est plongé dans cette même liqueur aux profondeurs obscures qui, ainsi que nous le verrons, ont été le point de départ de l'idée des régions infernales. »

Il nous reste à dire un mot du seul exemple de Tricéphalie que l'on rencontre dans la mythologie grecque, de Géryon. Fils de Chrysaor, personnification de l'éclair, et de Callirhoé, une déesse des eaux, sa nature ignée est indiscutable, et ses trois têtes nous rappellent l'Agni védique tricéphale. Ce sont sans doute des flammes comme les trois têtes d'Agni. « Le fait qu'il réside et meurt à l'occident permet de l'expliquer comme un soleil couchant ou un feu caduque détruit ou détroné par un soleil ou un feu plus jeune et plus actif, Héraclès = Indra, qui s'empare de ses bœufs rouges (les vaches védiques) [1]. »

Les mythes relatifs aux triades gauloises et scandinaves doivent probablement s'expliquer de la même manière, c'est-à-dire comme des personnifications solaires ou ignées ayant un caractère de fécondité, d'abondance et de richesse, indiqué par la présence, dans plusieurs de ces triades, du Dieu cornu Cernunos (identique peut-être à Agni taureau), par le sac de grains ou de fruits et par le serpent à tête de bélier (symbole de génération) qu'on donne pour attributs à l'un de leurs membres. La triade de Saint-Germain, par exemple, qui représente Cernunos entre Mercure et Apollon, semble pouvoir être rapprochée de la triade védique Agni, Vāyou, Soūrya, dont les deux derniers éléments, au moins, sont identiques.

1. 6. Regnaud, l. c. p.

Quant aux Tricéphales, il semble que, de même que Géryon, on peut les assimiler à l'Agni védique, dont plusieurs d'entre eux, celui d'Autun entre autres, possèdent le caractère générateur et fécondateur symbolisé par le serpent à tête de bélier qui figure dans leurs mains.

La conception mythique des triades et des tricéphales de l'occident remonterait donc peut-être à l'époque d'unité de la race indo-européenne, tout en se rapprochant par leur caractère solaire et parfois familial des triades égyptiennes, et auraient pour la plupart une signification de fécondité, d'abondance et de richesse analogue à celle que les Indiens védiques attachaient à leur sacrifice.

TABLE DES MATIÈRES

La condition de la femme dans l'Inde ancienne. — La femme au point de vue religieux et légal........ 1
La condition de la femme dans l'Inde ancienne. — La femme dans la littérature et au théâtre....... 51
Comment s'est fondé le pouvoir temporel des Dalaï-Lamas.. 71
La tradition historique et la mythologie dans les Poèmes épiques de l'Inde. — Le Rāmāyana..... 89
La tradition historique et la mythologie dans les Poèmes épiques de l'Inde. — Le Mahābhārata... 109
Culte et cérémonies en l'honneur des morts dans l'Extrême-Orient................................... 133
Un point de Mythologie comparée. — Les Dieux du feu... 161
L'Astrologie et les différentes formes de la Divination dans l'Inde, la Chine et au Tibet......... 179
Triades et Trinités................................... 207

Le Puy. — Imprimerie Régis Marchessou, boulevard Carnot, 23.

www.ingramcontent.com/pod-product-compliance
Lightning Source LLC
Chambersburg PA
CBHW071924160426
43198CB00011B/1294